定期テスト ズバリよくでる 英語 1年 啓林館版 BLUE SKY

JN078030

もくじ

取り外してお使いください 赤シート＋直前チェックBOOK,別冊解答

※全国の定期テストの標準的な出題範囲を示しています。学校の学習進度とあわない場合は,「あなたの学校の出題範囲」欄に出題範囲を書きこんでお使いください。

教科書 pp.8-21

Step 1 基本チェック　Let's Start 学校での会話を聞こう〜英語を聞いて使ってみよう

5分

■ 赤シートを使って答えよう！

❶ [アルファベット]

解答欄

カッコの中のアルファベットの大文字と小文字を，順序通りに書こう。

- □ ① A (B) C D E (F) G
- □ ② H I J K L (M) (N) O P
- □ ③ Q R S (T) U V W X (Y) Z
- □ ④ a b c (d) e f (g)
- □ ⑤ h i (j) k l m n o (p)
- □ ⑥ (q) r s (t) u v w x y z

❷ [1〜100までの数字]

カッコの上にある数字のスペルを書こう。

□ ① one two (three [3]) four five six seven
(eight [8]) nine ten (eleven [11]) twelve thirteen
fourteen (fifteen [15]) sixteen seventeen eighteen
nineteen (twenty [20]) thirty (forty [40]) fifty sixty
seventy eighty ninety one (hundred [100])

POINT

❶ [アルファベット]

①名字・名前は大文字で書き始める　・Nakata Sora 〔ナカタ　ソラ〕
②小文字は高さにも注意する。　・baseball 〔野球〕　・dog 〔イヌ〕
b，lは3線の上を使う　gは3線の下を使う

❷ [数字]

①13〜19は最後にteenがつく　・13 thirteen，17 seventeen
②20，30，40…は最後にtyがつく　・60 sixty，80 eighty

Step 2 予想問題 Let's Start 学校での会話を聞こう～英語を聞いて使ってみよう

10分

❶ アルファベットの大文字と小文字を，順序通りに書きなさい。

□ ① ＿＿＿ B C D □ ② ＿＿＿ F G

H I J □ ③ ＿＿＿ L M N O □ ④ ＿＿＿

Q □ ⑤ ＿＿＿ S T U V □ ⑥ ＿＿＿ X Y Z

a □ ⑦ ＿＿＿ c d □ ⑧ ＿＿＿ f g

□ ⑨ ＿＿＿ i j k l m n □ ⑩ ＿＿＿ p

q r s t □ ⑪ ＿＿＿ v w x □ ⑫ ＿＿＿ z

❷ ①～②は単語の意味を書き，③～⑥は日本語を英語にしなさい。

□ ① baseball （　　　　） □ ② sun （　　　　）

□ ③ リンゴ ＿＿＿ □ ④ ライオン ＿＿＿

□ ⑤ イヌ ＿＿＿ □ ⑥ ネコ ＿＿＿

❸ 下の絵を表す英単語として適切なものをそれぞれ1つ選び，記号で答えなさい。

〒

□ ① （　）

駅

□ ② （　）

□ ③ （　）

花

□ ④ （　）

病院

□ ⑤ （　）

レストラン

□ ⑥ （　）

㋐ hospital　㋑ park　㋒ flower shop
㋓ post office　㋔ restaurant　㋕ station

ヒント

❷
①のほかにもsoccer, tennisなどスポーツ名はまとめて覚えよう。

❸どれも日常でよく使う語なので，書けるようにしておこう。

Step 3 予想テスト　Let's Start
学校での会話を聞こう～英語を聞いて使ってみよう

30分　　/100点　目標 80点

1 次の(　)内の文字を並べかえて，絵の意味を表す英単語を書きなさい。知　12点(各3点)

1 
(c, o, e, c, s, r)

2 (o, z, o)

3 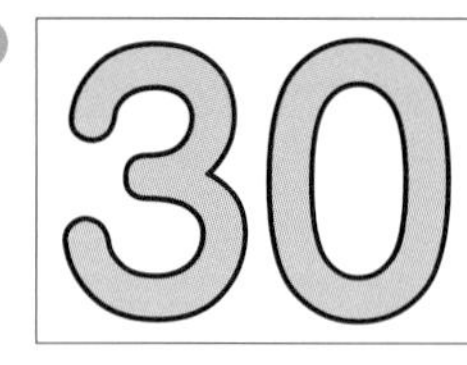
(h, y, t, r, t, i)

4 
(s, d, n, h, t, o, u, a)

2 次の数を表す英単語を書きなさい。知　24点(各3点)

1 3(の)　　2 4(の)

3 8(の)　　4 9(の)

5 12(の)　　6 20(の)

7 40(の)　　8 100(の)

3 次の月を表す英単語を書きなさい。知　24点(各4点)

1 1月　　2 2月

3 4月　　4 8月

5 9月　　6 12月

4 下の絵を表した文として適切なものを㋐～㋓からそれぞれ1つ選び，記号で答えなさい。知　16点(各4点)

1 
(　)

2 (　)

3 

(　)

4 
(　)

㋐ I like math.　㋑ I want to join the science club.

㋒ My favorite memory is the school camp.　㋓ I like swimming.

5 下の1～3の指示にしたがって，英文を書きなさい。表　24点(各8点)

1 自分の名前を書く。(2語以上)

2 誕生日をたずねてきた相手に，「○月×日です。」と答える。(It'sで文を始める)

3 相手に「私は～が好きです」と好きなスポーツを伝える。(I likeで文を始める)

　成績評価の観点　知…言語や文化についての知識・技能　表…外国語表現の能力

❶	①		②	
	③		④	
❷	①		②	
	③		④	
	⑤		⑥	
	⑦		⑧	
❸	①		②	
	③		④	
	⑤		⑥	
❹	①	②	③	④
❺	①			
	②			
	③			

教科書 pp.22-25

Step 1 基本チェック　Unit 1 英語で話そう

5分

赤シートを使って答えよう！

❶ [私は～です]

□ ① 私はエミリーです。
I [am / are] Emily.

□ ② 私はアメリカ出身です。
[I / I'm] from the USA.

❷ [あなたは～です／あなたは～ですか]

□ ① あなたはチェンです。 You [am / are] Chen.

□ ② あなたはバスケットボールファンですか。
——はい，そうです。／いいえ，そうではありません。
[Am / Are] you a basketball fan?
——Yes, [I am / I are]. / No, [I not / I'm not].

解答欄
❶ ①
②
❷ ①
②

POINT

❶ [私は～です]

「私は～です」→I am ～.

・I am Moana Bell. 〔私はモアナ・ベルです。〕
（I：文の最初は必ず大文字で書く　※Iは文の途中でも大文字で書く）

❷ [あなたは～です／あなたは～ですか]

①「あなたは～です」→You are ～.

・You are [You're] a soccer fan. 〔あなたはサッカーファンです。〕
（文の最後にピリオド(.)をつける）

②「あなたは～ですか」→Are you ～?

You are a soccer fan. 〔あなたはサッカーファンです。〕

・Are you a soccer fan?
（Are：areをyouの前に置く　?：文末にクエスチョンマーク(?)をつける）

——Yes, I am / No, I am [I'm] not.
（肯定の答えはyes，否定の答えはnoを使う　※I am not→I'm not）

〔あなたはサッカーファンですか。——はい，そうです。／いいえ，違います。〕

③「私は～ではありません」→I am [I'm] not ～.

・I am not a rugby fan. 〔私はラグビーファンではありません。〕
（not：amのあとにnotを置く）

Step 2 予想問題 Unit 1 英語で話そう

10分

❶ ①～④は単語の意味を書き，⑤～⑧は日本語を英語にしなさい。

□① you ( )　□② sing ( )
□③ morning ( )　□④ everyone ( )
□⑤ 泳ぐ ____　□⑥ 日本 ____
□⑦ バレーボール ____　□⑧ 選手 ____

❷ 次の各組の下線部の発音が同じなら○，異なれば×を書きなさい。

□① from / no ( )　□② dance / fan ( )

❸ 次の日本語に合うように，____に適切な語を書きなさい。

点UP □① 私は理科が得意です。
I'm ____ ____ science.

□② あなたは吹奏楽部の部員ですか。
Are you a ____ ____ brass band?

❹ 次の英文を( )内の指示にしたがって書きかえるとき，____に適切な語を書きなさい。

点UP □① I am Megumi. (IをYouにかえて)
____ ____ Megumi.

□② You are a badminton fan. (「あなたは～ですか」とたずねる文に)
____ ____ a badminton fan?

❺ 次の日本語に合う英文を，( )内の語数で書きなさい。

□① 私は映画ファンではありません。(5語)
____

ヒント

❶ ⑦のほかにもbasketballのように-ballがつく球技をおさらいしておこう。

❷ 同じつづりでも，発音が異なる場合があるので注意。

❸ ①「～が上手な」という意味。

❹ ①主語「～は」がかわると，そのあとの動詞「～です」の形もかわる。

❺ ミスに注意 ①「1人の」という意味のaを忘れないように注意！

Unit1

Step 3 予想テスト Unit 1 英語で話そう

30分　/100点　目標 80点

1 次の( )内の文字を並べかえて，絵の意味を表す英単語を書きなさい。知　15点(各5点)

1 (s, n, i, g)　2 (a, e, d, n ,c)　3 (m, s, w, i)

2 次の日本語に合う英文になるように，____に適切な語を書きなさい。知　15点(各完答5点)

1 あなたはテニスファンです。
______ a tennis fan.

2 あなたはマンガファンですか。
______ ______ a manga fan?

3 (2の答えとして)はい，そうです。
Yes, ______ ______.

3 次の日本語に合う英文になるように，( )内の語句を並べかえなさい。知　15点(各5点)

1 あなたは音楽ファンです。(you / are / a / music fan).

2 私は数学が得意です。(at / math / I'm / good).

3 あなたは剣道部の部員ですか。(of / member / you / a / are) the kendo club?

4 次の対話文を読んで，あとの問いに答えなさい。知　25点

Ms. Bell: Are you a rugby fan?
Sora: No, (①). I'm a soccer fan.
Ms. Bell: Oh, you're a soccer fan. ②(a / are / good player / you)?
Sora: Yes, I am. ③I'm a member of the soccer team.

1 ①の( )に入る語として適切な英語2語を書きなさい。(5点)

2 下線部②の( )内の語句を正しく並べかえなさい。(6点)

3 下線部③を日本語にしなさい。(7点)

4 この対話の内容に合うものを1つ選び，記号で答えなさい。(7点)
㋐ ソラはラグビーファンである。　㋑ ソラはサッカーファンである。
㋒ ベル先生はサッカーファンである。

成績評価の観点　知…言語や文化についての知識・技能　表…外国語表現の能力

5 下の1～3の指示にしたがって，自己紹介をする英文を書きなさい。 表 30点（各10点）

1 「私は～です」と自分の名前を言う。（3語以上）

2 「私は～出身です」と出身地を言う。（3語以上）

3 「私は～が得意です」と得意なことを言う。（4語以上）

1	1	2	3
2	1		
	2		
	3		
3	1 .		
	2 .		
	3 the kendo club?		
4	1 .		
	2 ?		
	3		
	4		
5	1		
	2		
	3		

［解答▶p.2］

教科書 pp.28-35

Step 1 基本チェック　Unit 2 学校で ~Targetのまとめ①

5分

赤シートを使って答えよう！

❶ [これは～です]

□ ① これは棒つきキャンディーです。This is a lollipop.
これは棒つきキャンディーですか？
──はい，そうです。／いいえ，違います。
(1) [Is] [this] a lollipop?
(2) ── Yes, [it] [is]. / No, [it] [is] not.

❷ [～は何ですか]

□ ① これは何ですか。──それは消しゴムです。
[What] is this? ── [It's] an eraser.

❸ [彼／彼女を指す言葉]

□ ① 彼は私の先生です。　[He] is my teacher.
□ ② 彼女は私のいとこです。　[She] is my cousin.

解答欄
❶ (1)
(2)
❷ ①
❸ ①
②

POINT

❶ [これは～です]

①「これは～です」→This is ～.　・This is a fox.〔これはキツネです。〕
②「これは～ですか」→Is this ～?
・Is this a cat? ──Yes, it is. / No, it is not [isn't].
isをthisの前に置く　主語のthis[that]などはitに置きかえる
〔これはネコですか。──はい，そうです。／いいえ，違います。〕
③「それは～です」→It is ～.　・It is a tiger.〔それはトラです。〕
すでに話題に出たものを指すときはitを使う

❷ [～は何ですか]

「～は何ですか」は，Whatを文の最初に置き，be動詞の疑問文の形を続ける。答えるときはYes / Noを使わず，be動詞の文で「何」とたずねられたものを答える。
Is this an eraser?〔これは消しゴムですか。〕
・What is this?〔これは何ですか。〕
What「何」＋be動詞の疑問文の形
──It is an eraser.〔──それは消しゴムです。〕

❸ [彼／彼女を指す言葉]

すでに話題にのぼっている男性はheを，女性はsheを使う。
・This is Ken. He is my cousin.〔こちらはケンです。彼は私のいとこです。〕

Step 2 予想問題　Unit 2 学校で ～Targetのまとめ①

10分

❶ ①～⑥は単語の意味を書き，⑦～⑩は日本語を英語にしなさい。

□① glasses (　　　　) □② really (　　　　)
□③ grandfather (　　　　) □④ black (　　　　)
□⑤ my (　　　　) □⑥ cute (　　　　)
□⑦ 先生 ＿＿＿＿ □⑧ 友だち ＿＿＿＿
□⑨ 白(い) ＿＿＿＿ □⑩ 姉妹 ＿＿＿＿

❷ 次の日本語に合う英文になるように，＿＿に適切な語を書きなさい。

□① こちらはケンです。彼は私のいとこです。

This is Ken. ＿＿＿＿ is my cousin.

点UP □② これは何ですか。 ――それはペンです。

＿＿＿＿ this? ――＿＿＿＿ a pen.

❸ 次の英文を( )内の指示にしたがって書きかえるとき，＿＿に適切な語を書きなさい。

□① This is a fox. (「これは～ですか」とたずねる文に)

＿＿＿＿ ＿＿＿＿ a fox?

□② That is a cabbage. (下線部をたずねる文に)

＿＿＿＿ ＿＿＿＿ that?

❹ 次の日本語に合う英文になるように，( )内の語を並べかえなさい。

□① 彼女は私のいとこです。

(cousin / she / my / is).

＿＿＿＿＿＿＿＿＿＿＿＿.

点UP □② 今何時ですか。

(time / what / it / is) now?

＿＿＿＿＿＿＿＿＿＿＿＿ now?

ヒント

❶
③，⑩のほかにも，家族を紹介するときに使う語はしっかり確認しておこう。

❷
①すでに話題にのぼっている男性を指す言葉を考える。
② ミスに注意
英語では，同じ語をくり返し使うのは避ける。this, thatで聞かれたら，ものの場合はitにかえて答える。

❸
②〈「何」+ be動詞の疑問文〉の形。

❹
②よく使われる表現。形をしっかり覚えておこう。

Step 3 予想テスト Unit 2 学校で ~Targetのまとめ①

30分 /100点 目標 80点

1 次の日本語に合う英文になるように，____に適切な語を書きなさい。 知 15点（各完答5点）

1 はじめまして。
Nice ______ ______ you.

2 それは本ですか。
______ ______ a book?

3 (2の答えとして)いいえ，違います。それはノートです。
No, ______ ______. It is a notebook.

2 次の日本語に合う英文になるように，（　）内の語句を並べかえなさい。 知 16点（各8点）

1 お元気ですか。（ you / how / are)?

2 彼女は上手なダンサーです。（ is / dancer / she / good / a).

3 次の対話文について，（　）に入れるのに最も適切な文を㋐～㋓からそれぞれ1つ選び，記号で答えなさい。 知 16点（各8点）

1 *Emily:* （　　）
Aoi: No, it isn't. It's a pen.
㋐ What's this?　㋑ What is that?　㋒ This is my pen.　㋓ Is this a lollipop?

2 *Aoi:* （　　）
Diana: It's 1:00 a.m.
㋐ What time is it now?　㋑ What's that?　㋒ I'm sleepy.
㋓ Are you a dancer?

4 次の対話文を読んで，あとの問いに答えなさい。 知 23点

In the classroom
Emily: ①What's this?
Aoi: It's a cleaner for the blackboard eraser.
Emily: ②That's really cool.
In the teachers' room
Emily: What's that?
Aoi: It's a *sasumata*. It's a tool for self-defense.
Emily: Oh!

1 下線部①でエミリーがたずねたものとして適切なものを1つ選び，記号で答えなさい。 (7点)
㋐ さすまた　㋑ 黒板　㋒ クリーナー　㋓ 消しゴム

❷ 下線部②を日本語にしなさい。 (8点)

❸ この対話の内容に合うものを 1 つ選び，記号で答えなさい。 (8点)

㋐ アオイはエミリーに「これは何ですか。」とたずねた。

㋑ アオイはさすまたを何に使うか知っている。

㋒ エミリーは遠くのものを見て，「あれはさすまたです。」と言った。

❺ 下の❶〜❸の指示にしたがって，あなたの家族を紹介する英文を書きなさい。表

30点（各10点）

❶「こちらは〜です」と家族の名前を紹介する。

❷「彼[彼女]は私の〜です」と間がらを紹介する。

❸「彼[彼女]は〜が得意です」と家族の得意なことを紹介する。

❶	❶		
	❷		
	❸		
❷	❶ ?		
	❷ .		
❸	❶	❷	
❹	❶		
	❷		
	❸		
❺	❶		
	❷		
	❸		

Step 1 基本チェック Unit 3 海外からの転校生 ~Targetのまとめ②

5分

赤シートを使って答えよう！

❶ [一般動詞の文]

□ ① 私はバドミントンが好きです。
I [like] badminton.

□ ② あなたは日本食が好きですか。
──はい，好きです。
[Do] you like Japanese food?
──Yes, I [do].

□ ③ 私は日本食が好きではありません。
I [do] [not] like Japanese food.

❷ [命令文]

□ ① この写真を見て。 [Look] at this picture.

□ ② この写真を見ないで。 [Don't] [look] at this picture.

解答欄

❶
① ______
② ______
______
③ ______
______

❷
① ______
② ______
______

POINT

❶ [一般動詞の文]

①「私は～します」→〈I＋一般動詞 [like, playなど] ～.〉
・I play the piano. 〔私はピアノをひきます。〕

②「あなたは～しますか」→〈Do you＋一般動詞 ～?〉
・Do you play the piano? ──Yes, I do. / No, I do not [don't].
Doを主語の前に置く　doを使って答える
〔あなたはピアノをひきますか。──はい，ひきます。／いいえ，ひきません。〕

③「私は～しません」→〈I do not [don't]＋一般動詞 ～.〉
・I do not [don't] play the piano. 〔私はピアノをひきません。〕
動詞の前にdo not[don't]を置く

❷ [命令文]

①「～しなさい」→指示・命令するときは，動詞で文を始める。
・Play the guitar. 〔ギターをひいて。〕
動詞を文のはじめに置く　※主語は不要

②「～しないで(ください)」→〈Don't＋動詞 ～.〉動詞の前にDon'tをつける。
・Don't play the guitar. 〔ギターをひかないで。〕
動詞の前にDon'tをつける

Step 2 予想問題 Unit 3 海外からの転校生 ~Targetのまとめ②

10分

❶ ①~④は単語の意味を書き，⑤~⑧は日本語を英語にしなさい。

□① food ( ) □② winter ( )

□③ together ( ) □④ very ( )

□⑤ (絵など)をかく______ □⑥ ~を飲む ______

□⑦ ~を去る，出発する______ □⑧ ~を洗う ______

❷ 次の各組の下線部の発音が同じなら○，異なれば×を書きなさい。

□① l<u>i</u>ke / th<u>i</u>s ( ) □② tom<u>a</u>to / m<u>a</u>ke ( )

❸ 次の日本語に合う英文になるように，____に適切な語を書きなさい。

点UP □① 私はピザが好きです。あなたはどうですか。
I like pizza. ______ ______you?

□② 私をケンと呼んでください。
______ me Ken.

□③ 私は10時に寝ます。
I ______ ______ bed at ten.

❹ 次の質問に答える文を，( )内の指示にしたがって英語で書きなさい。

Do you like milk?
(自分について３語以上で)

□______

❺ 次の英文を，( )内の指示にしたがって書きかえなさい。

□① I play the guitar. (「あなたは~しますか」という文に)

______

□② You open the window. (「~しなさい」という文に)

______

ヒント

❶
②季節の１つを表すことば。
⑤~⑧はどれも日常でよく使う動詞。

❷同じつづりでも，発音が異なる場合があるので注意。

❸
③のほかにも，一日の生活を表す語句は〈動詞＋語句〉のセットで覚えておこう。

❹ ミスに注意
「~しますか」とdoを使ってたずねられたら，doを使って答える。

❺
②命令文では主語を置かず，動詞で文を始める。

Unit 3

Step 3 予想テスト Unit 3 海外からの転校生 ~Targetのまとめ②

30分 /100点 目標 80点

❶ 次の日本語に合う英文になるように，____に適切な語を書きなさい。 知 15点（各完答5点）

❶ 私は6時に起きます。

I _____ _____ at six.

❷ 私は8時に家を出ます。

I _____ _____ at eight.

❸ 私は放課後に英語を勉強します。

I study English _____ _____.

❷ 次の日本語に合う英文になるように，（　）内の語を並べかえなさい。 知 14点（各7点）

❶ あなたはペットを飼っていますか。（ pet / you / have / do / a)?

❷ バドミントンはシンガポールでとても人気のあるスポーツです。

(sport / popular / badminton / a / is / very) in Singapore.

❸ 次の対話文について，（　）に入れるのに最も適切な文を㋐～㋓からそれぞれ1つ選び，記号で答えなさい。 知 14点（各7点）

Sora: Do you like Japanese food?

Chen: （ ① ） I like *ramen*.

Sora: I like it, too. （ ② ）

Chen: Um.... I don't like *natto*.

① ㋐ Yes, I am.　㋑ Yes, you are.　㋒ Yes, I do.　㋓ Yes, it is.

② ㋐ How about *natto*?　㋑ Me, too.　㋒ It's delicious.　㋓ How are you?

❹ 次の対話文を読んで，あとの問いに答えなさい。 知 25点

Chen: Look at this picture. This is chicken and rice.

It's a popular food in Singapore.

Sora: Oh, ①I like chicken very much.

Chen: ②（　　） make it together someday.

Sora: But I'm not good at cooking.

Chen: ③Don't worry. I'm a good cook.

❶ 下線部①を日本語にしなさい。 (8点)

❷ 下線部②が「いつかそれをいっしょに作りましょう」という意味になるように，
( )に適切な語１語を書きなさい。 (7点)

❸ チェンが下線部③のように言っている理由として最も適切なものを１つ選び，
記号で答えなさい。 (10点)

㋐ シンガポールチキンライスは人気のある食べ物だから。
㋑ 鶏肉はみんなが好きだから。
㋒ チェンは料理が得意だから。

❺ 下の❶～❹の指示にしたがって，英文を書きなさい。 表 32点(各8点)

❶ 自分の好きなものについて，「私は～が好きです」と紹介する。
❷ あるものについて，相手が好きかどうかたずねる。
❸ 右の看板を参考に，「～してはいけません」と指示する。
❹ 右の看板を参考に，「～しましょう」と友だちを誘う。

× してはいけないこと
・サッカー　・ごみを散らかす
◎ していいこと
・昼食を食べる　・テニス

❶	❶		
	❷		
	❸		
❷	❶ ?		
	❷ in Singapore.		
❸	①	②	
❹	❶		
	❷		
	❸		
❺	❶		
	❷		
	❸		
	❹		

教科書 pp.44-55

Step 1 基本チェック Unit 4 美術館で ~Project 1

5分

赤シートを使って答えよう！

❶ [What do you ～? / What＋名詞 ～?]

解答欄

□ ① あなたは手に何を持っていますか。
[What] do you have in your hand?

□ ② あなたは何のスポーツをしますか。
[What] sport do you play?

❶ ______
❷ ______

❷ [複数の人やものを表す／数をたずねる]

□ ① 私はペンを2本持っています。 I have two [pens].

□ ② あなたはリンゴがいくつほしいですか。
――私はリンゴが3個ほしいです。
[How] many apples do you want?
――I want three [apples].

❶ ______
❷ ______
______

POINT

❶ [What do you ～? / What＋名詞 ～?]

①「あなたは何を～しますか」とたずねるときは，Whatを文の最初に置き，一般動詞の疑問文の形を続ける。

・What do you see in the picture? ――I see a horse.
(What「何」＋一般動詞の疑問文の形) (「何」とたずねられたものを答える)

〔絵の中に何が見えますか。――私は馬が見えます。〕

②「あなたは何の…を～しますか」とたずねるときは，〈What＋名詞〉を文の最初に置き，一般動詞の疑問文の形を続ける。

・What food do you like? ――I like *ramen*.
(What＋名詞を文の最初に置く) (「何の」とたずねられたものを答える)

〔あなたは何の食べ物が好きですか。――私はラーメンが好きです。〕

❷ [複数の人やものを表す／数をたずねる]

① 2つ[2人]以上のもの[人]を表す→名詞の複数形〈名詞＋(e)s〉

・I have two lemons. 〔私はレモンを2個持っています。〕

②「何人の[いくつの]…を～しますか」と数をたずねるときは，〈How many＋複数形〉のあとに疑問文の形を続ける。

・How many comic books do you have? ――I have ten comic books.
(How manyのあとは必ず複数形) (数を答える)

〔あなたはマンガ本を何冊持っていますか。――私はマンガ本を10冊持っています。〕

Step 2 予想問題 Unit 4 美術館で ~Project 1

30分
(1ページ10分)

❶ ❶～❻は単語の意味を書き，❼～⓬は日本語を英語にしなさい。

□❶ chair ( ) □❷ sometimes ( )
□❸ face ( ) □❹ glass ( )
□❺ event ( ) □❻ cow ( )
□❼ 鳥 ______ □❽ 家族 ______
□❾ 青(い) ______ □❿ 赤(い) ______
□⓫ 人々 ______ □⓬ (いちばん)好きな ______

❷ 次の各組の下線部の発音が同じなら○，異なれば×を書きなさい。

□❶ <u>a</u>ny / <u>a</u>nimal ( ) □❷ pr<u>o</u>gram / m<u>o</u>ment ( )

❸ 次のデパートでの対話文の( )に入れる英文を，右の[ ]からそれぞれ1つずつ選び，記号で答えなさい。

A: (❶) I want a hat.
B: (❷) How about this hat?
A: It's beautiful. (❸)
B: It's 4,000 yen.
A: Oh, that's great.

㋐ How much is it?
㋑ Excuse me.
㋒ How about you?
㋓ Just a moment, please.

□❶ ( ) □❷ ( ) □❸ ( )

❹ 次の日本語に合う英文になるように，____に適切な語を書きなさい。

□❶ 私は13歳です。
I'm thirteen ______ ______.

点UP □❷ 私はときどき日曜日にテニスをします。
I sometimes play tennis ______ ______.

□❸ 私は日本の大阪に住んでいます。
I ______ ______ Osaka, Japan.

□❹ ノートをさかさまに見てください。
Look at the notebook ______ ______.

ヒント

❶
❶，❸，❹は日常でよく使う名詞。意味をしっかり確認しておこう。
❾，❿lとrの違いに注意。

❷同じつづりでも，発音が異なる場合があるので注意。

❸
❶には「すみません」，❷には「少々お待ちください」という意味の表現が入るよ。

❹
❷「〔特定の日時〕～に」はonを使って表す。

5 次の英文の____に適切な語を，下の[ ]から選んで書きなさい。ただし，同じ語を2度使うことはできません。

□ 1 I see ____________ animal in the picture.

□ 2 Do you need ____________ tomatoes?

□ 3 I want ____________ lemons.

any	some	another

6 次の英文を，( )内の指示にしたがって書きかえなさい。

□ 1 I like this shirt. （下線部を「これらの」にかえて）

□ 2 Do you have a dictionary? （下線部をanyにかえて）

□ 3 You have six pens. （下線部をたずねる文に）

得点UP □ 4 This pencil is 200 yen. （下線部をたずねる文に）

7 次の質問に答える文を，( )内の指示にしたがって英語で書きなさい。

□ 1 What subject do you like? （自分について3語以上で答える）

□ 2 What do you have in your hand? （絵を見て4語以上で答える）

本

□ 3 How much is the key ring? （絵を見て3語以上で答える）

700円

ヒント

5疑問文ではどちらの「いくつか」を使うかを考える。

6複数形の作り方
(1)そのままsをつける
(2)esをつける
(3)yをiにかえてesをつける。

7
3すでに話題に出たものを指すときはitを使う。

8 次の英文を日本語にしなさい。

□ ❶ I don't have any pets.
(　　　　　　　　　　　　　　　　　　　　　)

□ ❷ I want five postcards for my family.
(　　　　　　　　　　　　　　　　　　　　　)

□ ❸ This is a strange picture of flowers.
(　　　　　　　　　　　　　　　　　　　　　)

9 次の日本語に合う英文になるように，(　)内の語句を並べかえなさい。ただし，不要な語が1語含まれています。

□ ❶ 私はウシが4頭見えます。(cow / four / see / I / cows).
______________________________.

点UP □ ❷ あなたは放課後に何のスポーツをしますか。
(how / sport / do / what / play / you) after school?
______________________________ after school?

□ ❸ あなたはピーマンが何個必要ですか。
(green peppers / much / do / how / you / many) need?
______________________________need?

□ ❹ 本は2階にあります。
Books (on / the second / are / floor / for).
______________________________.

10 次の日本語に合う英文を，(　)内の語数で書きなさい。

□ ❶ これらの皿は美しいです。(4語)
____

□ ❷ あなたは何匹かイヌが見えますか。(5語)
____

点UP □ ❸ あなたはモモが何個ほしいですか。(6語)
____

□ ❹ 私はえんぴつ2本と消しゴム1個を持っています。(7語)
____

ヒント

8
❶ anyは否定文でどんな意味かを考える。

9 ミスに注意
❷「何の…を～しますか」は〈What＋名詞〉を使ってたずねる。

10
❸ How manyのあとの名詞は必ず複数形。

Unit 4

Step 3 予想テスト　Unit 4 美術館で～Project 1

30分　/100点　目標 80点

1 次の日本語に合う英文になるように，____に適切な語を書きなさい。知　15点(各完答5点)

1 私の筆箱はどこですか。

______ ______ my pencil case?

2 私はブラスバンド部に所属しています。

I ______ ______ the brass band.

3 あなたは鳥を何羽飼っていますか。

______ ______ ______ do you have?

2 次の日本語に合う英文になるように，(　)内の語句を並べかえなさい。ただし，不要な語が1語含まれています。知　15点(各5点)

1 この本はいくらですか。(how / many / is / much / book / this)?

2 あなたはノートを何冊か持っていますか。(any / have / do / a / notebooks / you)?

3 あなたは何色が好きですか。(like / is / do / color / what / you)?

3 次の対話文を読んで，あとの問いに答えなさい。知　15点

Emily: Look at this picture. What do you see in the picture?
Sora: I see a horse.
Emily: Yes, but I see another animal, too.
Sora: What animal do you see?
Emily: Look at the face carefully.

1 下線部を日本語にしなさい。(7点)

2 この対話の内容に合うものを1つ選び，記号で答えなさい。(8点)

㋐ エミリーは馬が2頭見える。　㋑ エミリーには絵の中に馬以外の動物が見える。

㋒ ソラはエミリーに馬が見えるかたずねている。

4 次の対話文を読んで，あとの問いに答えなさい。知 表　25点

Chen: I want some postcards.
Aoi: How many postcards do you want?
Chen: ①(see / me / let)....
I want three for my family. Aoi, do you want any souvenirs?
Aoi: Yes, I do. I want ②these key rings. (　　)'re beautiful.

 成績評価の観点　知…言語や文化についての知識・技能　表…外国語表現の能力

❶ 下線部①が「ええと」という意味になるように，(　)内の語を正しく並べかえなさい。 (8点)

❷ (　)に入る，下線部を②を指す適切な代名詞を書きなさい。 (5点)

❸ この対話の内容に合うものには○を，合わないものには×を書きなさい。 (各4点)

㋐ アオイは絵はがきがたくさんほしい。　㋑ チェンは絵はがきが3枚ほしい。

㋒ アオイはみやげにキーホルダーをもらった。

❺ 下の❶～❸の指示にしたがって，英文を書きなさい。 表　30点(各10点)

❶ 「私の誕生日は～です」と自分の誕生日を言う。

❷ 「私は～歳です」と自分の年齢を言う。

❸ 相手に「あなたは何の学校行事が好きですか」とたずねる。

❶	❶						
	❷						
	❸						
❷	❶						?
	❷						?
	❸						?
❸	❶						
	❷						
❹	❶						
	❷						
	❸	㋐		㋑		㋒	
❺	❶						
	❷						
	❸						

教科書 pp.56-64

Step 1 基本チェック Unit 5 エミリーの家で ~Targetのまとめ⑤

5分

赤シートを使って答えよう！

❶ [助動詞can]

□ ① 私は上手にテニスをすることができます。
I [can] play tennis well.

□ ② 私は速く走ることができません。 I [cannot [can't]] run fast.

□ ③ あなたは速く泳ぐことができますか。 [Can] you swim fast?

❷ [知らない人についてたずねる]

□ ① この少年はだれですか。 [Who] is this boy?

❸ [目的語で使われる代名詞]

□ ① こちらはサキです。あなたは彼女を知っていますか。
This is Saki. Do you know [her]?

解答欄

❶ ①
②
③

❷ ①

❸ ①

POINT

❶ [助動詞can]

①「～することができる」→〈主語＋can＋動詞〉

②「～することができない」→〈主語＋cannot [can't]＋動詞 ～.〉

・I can play the guitar. 〔私はギターをひくことができます。〕
動詞の前にcanを置く

・I cannot [can't] play the guitar. 〔私はギターをひくことができません。〕
動詞の前にcannot[can't]を置く

③「～することができますか」→〈Can＋主語＋動詞 ～?〉

・Can you play the guitar? ──Yes, I can. / No, I cannot [can't].
canを主語の前に出す　canを使って答える
〔あなたはギターをひくことができますか。──はい，できます。／いいえ，できません。〕

❷ [知らない人についてたずねる]

「～はだれですか」→〈Who＋be動詞＋主語 ～?〉

Is this girl Olivia? 〔この少女はオリビアですか。〕

・Who is this girl? ──She is Olivia. 〔この少女はだれですか。──彼女はオリビアです。〕
＝this girl

❸ [目的語で使われる代名詞]

・This is my sister. Do you know her? 〔これは私の姉です。あなたは彼女を知っていますか。〕
目的語「彼女を」

Step 2 予想問題 Unit 5 エミリーの家で ~Targetのまとめ⑤

30分 (1ページ10分)

ヒント

❶ ❶～❻は単語の意味を書き，❼～⑫は日本語を英語にしなさい。

□❶ aunt ( ) □❷ uncle ( )
□❸ man ( ) □❹ mine ( )
□❺ kind ( ) □❻ well ( )
□❼ (～を)知っている______ □❽ 女性 ______
□❾ 女の子，少女______ □❿ 男の子，少年______
□⑪ おもしろい ______ □⑫ (～を)話す ______

❷ 次の語で最も強く発音する部分の記号を答えなさい。

□❶ class-mate (ア イ) ( ) □❷ Chi-nese (ア イ) ( )

❸ 次の対話文について，( )に入れるのに最も適切な文を㋐～㋒から選び，それぞれ1つ○で囲みなさい。

□❶ *A:* ( )
B: He's my friend in Singapore.
㋐ Is he funny? ㋑ Who's this man?
㋒ Is this your guitar?

□❷ *A:* Is this umbrella yours?
B: Oh, yes. It's mine.
A: ( )
B: Thanks.
㋐ Here you are. ㋑ How are you?
㋒ How about you?

□❸ *A:* Can you do *judo*?
B: ( )
㋐ Yes, I am. ㋑ Yes, I can. ㋒ Yes, I do.

❹ 次の日本語に合う英文になるように，____に適切な語を書きなさい。

□❶ これはだれのペンですか。
______ ______ is this?

□❷ 私はときどき学校で彼を見ます。
I sometimes see him ______ ______.

---

❶
❼つづりと発音が異なるので注意しよう。

❷日本語の発音に惑わされないように注意。

❸
❷「はい，どうぞ」とものを渡すときに使う表現。

❸Can you ～?と聞かれたら，canを使って答えよう。

❹
❶〈whose + 名詞〉の形を使って表す。

❺ 次の文の下線部を「～のもの」という1語に書きかえなさい。

- □ ❶ This is my pencil. ＿＿＿＿
- □ ❷ These cats are our cats. ＿＿＿＿
- □ ❸ This is Takako's T-shirt. ＿＿＿＿

❻ 次の英文を，下線部を1語の代名詞にして書きかえなさい。

- □ ❶ I don't know this man.

＿＿＿＿＿＿＿＿＿＿

得点UP
- □ ❷ Do you know Yuki and me?

＿＿＿＿＿＿＿＿＿＿

- □ ❸ I study English and math on Sunday.

＿＿＿＿＿＿＿＿＿＿

❼ 次の質問に答える文を，イラストを参考に(　)内の指示にしたがって英語で書きなさい。

- □ ❶ Can you skate?　(自分について3語以上で答える)

＿＿＿＿＿＿＿＿＿＿

得点UP
- □ ❷ Can Maki and Naomi dance well?　(代名詞を使って答える)

＿＿＿＿＿＿＿＿＿＿

- □ ❸ Whose notebook is this?　(「～のもの」という表現を使って答える)

＿＿＿＿＿＿＿＿＿＿

- □ ❹ Who is this woman?　(2つの情報を入れて絵の人物を紹介する)

Ms. Tanaka
my math teacher

＿＿＿＿＿＿＿＿＿＿

ヒント

❺
❶「私のえんぴつ」→「私のもの」という1語の代名詞にかえる。

❻
❷「ユキと私」には「私」が含まれているので，「私たちを[に]」という代名詞を使う。

❼
❷「彼女らは[が]」という代名詞を使う。

 [解答▶p.7]

8 次の英文を日本語にしなさい。

□ ❶ Kana can run fast, but she can't swim.
(　　　　　　　　　　　　　　　　　　　　　　)

□ ❷ Can you play the trumpet?
(　　　　　　　　　　　　　　　　　　　　　　)

□ ❸ Who are these girls in the picture?
(　　　　　　　　　　　　　　　　　　　　　　)

9 次の日本語に合う英文になるように，(　)内の語を並べかえなさい。ただし，不要な語が1語含まれています。

□ ❶ 私は中国語を話すことができます。
(Chinese / speak / can / I / do).
____________________________________.

得点UP □ ❷ あなたの妹は速く泳ぐことができますか。
(your / swim / can / sister / is) fast?
________________________________ fast?

□ ❸ これはだれのハンカチですか。
(handkerchief / is / whose / this / who)?
____________________________________?

□ ❹ この辞書はあなたのものですか。
(dictionary / is / yours / this / you)?
____________________________________?

10 次の日本語に合う英文を，(　)内の語を使って書きなさい。

□ ❶ あなたはドラムをたたくことができますか。(drums)
____

□ ❷ この少年はだれですか。(this)
____

□ ❸ これはあなたのお兄さんのバイオリンですか。(violin)
____

□ ❹ (❸の答えとして)はい，そうです。それは彼のものです。(it)
____

ヒント

8
❸theseは「これらの」という意味。

9 ミスに注意
❸「だれの～」は〈Whose＋もの〉を使って表す。

10
❸「あなたのお兄さんの」はyour brother'sと表す。

Unit 5

Step 3 予想テスト Unit 5 エミリーの家で ~Targetのまとめ⑤

30分 /100点 目標 80点

❶ 次の日本語に合う英文になるように，____に適切な語を書きなさい。知 15点（各完答5点）

❶ この男性はだれですか。 ______ this man?

❷ これは私の妹のサツキです。あなたは彼女を知っていますか。
This is my sister Satsuki. Do you know ______?

❸ これはだれの写真ですか。 ______ ______ is this?

❷ 次の日本語に合う英文になるように，（ ）内の語を並べかえなさい。ただし，不要な語が1語含まれています。知 15点（各5点）

❶ ヨウコはとても上手にダンスをすることができます。
(dance / Yoko / does / can) very well.

❷ 私は速く走ることができません。 (fast / can't / I / run / don't).

❸ あなたは将棋をさすことができますか。 (*shogi* / you / are / can / play)?

❸ 次の対話文を読んで，あとの問いに答えなさい。知 24点

Aoi: Oh, you have a guitar. Can you play it?
Emily: Yes, I can. How about you, Aoi?
Aoi: I can't play the guitar, but I can play the sax.
Emily: Great! Let's play music together.

❶ 下線部を日本語にしなさい。 (9点)

❷ この対話の内容に合うものには○を，合わないものには×を書きなさい。 (各5点)

㋐ エミリーはギターをひくことができる。
㋑ エミリーはアオイにサックスが演奏できるかたずねている。
㋒ アオイはギターとサックスを演奏することができる。

❹ 次の対話文を読んで，あとの問いに答えなさい。知表 26点

Emily: This is my sister Lily. Do you know ①her?
Aoi: Yes, I do. I sometimes see her at school.
Emily: And these are our cats, Pepper and Mint.
Aoi: They're very cute!
Emily: Yes. I like ②they very much.

 成績評価の観点 知…言語や文化についての知識・技能 表…外国語表現の能力

❶ 下線部①herが指す人物を，英文中から3語で抜き出して書きなさい。 (8点)

❷ 下線部②theyを適切な形にしなさい。 (8点)

❸ アオイ(Aoi)になったつもりで，次の問いに3語の英語で答えなさい。 (10点)

Do you see Emily's sister at school?

❺ 下のブルーノとマキについての表を参考に，2人のどちらかについて，❶は「～することができます」，❷は「～することができません」という英文を書きなさい。 表

20点(各10点)

ブルーノ(Bruno)	マキ(Maki)
フランス語を話すことができる	上手に絵をかくことができる
料理をすることができない	歌うことができない

❶	❶	
	❷	
	❸	
❷	❶	very well.
	❷	.
	❸	?
❸	❶	
	❷	㋐ ㋑ ㋒
❹	❶	
	❷	
	❸	
❺	❶	
	❷	

Step 1 基本チェック　Unit 6 ぼくのおじいさん ～Targetのまとめ⑥

5分

赤シートを使って答えよう！

❶［3人称単数現在形］

□ ❶ マイクは音楽が好きです。 Mike［ likes ］music.

□ ❷ 私の祖母は毎日曜日に公園に行きます。
My grandmother［ goes ］to a park on Sundays.

□ ❸ 私の姉は毎日英語を勉強します。
My sister［ studies ］English every day.

□ ❹ ユウジは中国語を話しますか。――はい，話します。
［ Does ］Yuji［ speak ］Chinese? ――Yes, he［ does ］.

□ ❺ ナナは6時に起きません。 Nana［ doesn't ］get up at six.

□ ❻ あなたの弟はトランペットを演奏しません。
Your brother doesn't［ play ］the trumpet.

解答欄

❶ ______
❷ ______
❸ ______
❹ ______
______
______
❺ ______
❻ ______

POINT

❶［3人称単数現在形］

①肯定文→主語がIとyou以外の単数(he，she，itなど)で，現在のことを言う場合，一般動詞にsまたはesをつける。

・He lives in Yamagata. 〔彼は山形に住んでいます。〕
（lives：動詞にs，esをつける）

②疑問文→〈Does＋主語＋動詞の原形 ～?〉

He works every day. 〔彼は毎日働いています。〕

・Does he work every day?
（Does：Doesを主語の前に置く／work：動詞は原形）

――Yes, he does. / No, he does not [doesn't].
（does：doesを使って答える）

〔彼は毎日働いていますか。――はい，働いています。／いいえ，働いていません。〕

③否定文→〈主語＋does not [doesn't]＋動詞の原形 ～.〉

Sora plays soccer. 〔ソラはサッカーをします。〕

・Sora does not [doesn't] play soccer. 〔ソラはサッカーをしません。〕
（does not [doesn't]：動詞の前にdoes not [doesn't]を置く／play：動詞は原形）

Step 2 予想問題

Unit 6 ぼくのおじいさん ～Targetのまとめ⑥

30分 (1ページ10分)

1 ❶～❻は単語の意味を書き，❼～⓬は日本語を英語にしなさい。

- □ ❶ work ( )
- □ ❷ grow ( )
- □ ❸ read ( )
- □ ❹ help ( )
- □ ❺ walk ( )
- □ ❻ live ( )
- □ ❼ 牛肉 ______
- □ ❽ 早く ______
- □ ❾ そこに[で，へ，の] ______
- □ ❿ ごみ ______
- □ ⓫ 野菜 ______
- □ ⓬ ふつうは，いつもは ______

2 次の各組の下線部の発音が同じなら○，異なれば×を書きなさい。

- □ ❶ other / cut ( )
- □ ❷ busy / live ( )

3 次の対話文について，( )に入れるのに最も適切な語を㋐～㋓からそれぞれ１つ○で囲みなさい。

□ ❶ *A:* What's your favorite ( )?
B: I like cherries.
㋐ novel ㋑ vegetable ㋒ fruit ㋓ season

□ ❷ His grandfather grow apples in his ( ).
㋐ clarinets ㋑ orchards ㋒ tables ㋓ harvest

□ ❸ *A:* Do you play the piano ( )?
B: No, I don't. I play it with my brother.
㋐ alone ㋑ early ㋒ usually ㋓ sometimes

4 次の日本語に合う英文になるように，____に適切な語を書きなさい。

□ ❶ ナオミは週末にいつもはサッカーをします。
Naomi usually plays soccer ______ ______.

□ ❷ 手伝ってくれませんか。
______ ______help me?

□ ❸ (❷の答えとして)もちろんです。
______.

ヒント

1
⓬は頻度を表す副詞。そのほかにsometimes「ときどき」も確認しておこう。

2 異なるつづりでも，発音が同じ場合がある。
❷のliveは動詞。

3
❷リンゴを育てるのはどこかを考える。
❸withは「～といっしょに」という意味。

4
❷「～してくれませんか」はCan you ～? を使って表す。

❺ 次のエミとエミの家族の1日の様子を表している絵を見て，＿＿に適切な語を下の□から選び，適切な形にして書きなさい。

□ ❶ □ ❷  □ ❸ 

□ ❹ □ ❺ 

□ ❶ Emi ＿＿＿＿＿＿ baseball every day.

□ ❷ Emi's brother ＿＿＿＿＿＿ home at eight every day.

□ ❸ Emi's mother ＿＿＿＿＿＿ math at school.

□ ❹ Emi's father ＿＿＿＿＿＿ a book after dinner.

□ ❺ Emi ＿＿＿＿＿＿ shopping with her mother on Sundays.

go	read	play	teach	leave

❻ 次の絵を見て，質問に答える文を英語で書きなさい。

□ ❶ Does Aya play volleyball?

＿＿＿＿＿＿＿＿＿＿＿＿＿＿＿＿＿＿＿＿

□ ❷ Does Naomi play the flute at three?

＿＿＿＿＿＿＿＿＿＿＿＿＿＿＿＿＿＿＿＿

得点UP □ ❸ What sport does Yuta play?

＿＿＿＿＿＿＿＿＿＿＿＿＿＿＿＿＿＿＿＿

ヒント

❺主語が3人称・単数の場合，一般動詞にはs, esをつける。

❻
❸はwhat「何」と疑問詞を使って聞かれているので，Yes / Noではなく，具体的に答える。

❼ 次の英文を，(　)内の指示にしたがって書きかえなさい。

□ ❶ I study Japanese. (下線部をSheにした文に)
(　　　　　　　　　　　　　　　　　　　　　　　　)

□ ❷ Do you play the piano? (下線部をMs. Suzukiにした文に)
(　　　　　　　　　　　　　　　　　　　　　　　　)

点UP □ ❸ We don't like science. (下線部をTaroにした文に)
(　　　　　　　　　　　　　　　　　　　　　　　　)

❽ 次の英文を日本語にしなさい。

□ ❶ I want to go to Brazil someday.
(　　　　　　　　　　　　　　　　　　　　　　　　)

□ ❷ My brother takes out the garbage.
(　　　　　　　　　　　　　　　　　　　　　　　　)

□ ❸ My father walks to the station.
(　　　　　　　　　　　　　　　　　　　　　　　　)

❾ 次の日本語に合う英文になるように，(　)内の語句を並べかえなさい。ただし，不要な語が1語含まれています。

□ ❶ マックスは牛肉を食べません。
(doesn't / Max / eats / beef / eat).

____.

□ ❷ あなたのお姉さんはクラリネットを演奏しますか。
(your sister / play / do / the clarinet / does)?

____?

❿ 次の日本語に合う英文を，(　)内の語数で書きなさい。

□ ❶ マキ(Maki)は土曜日に英語を勉強しますか。(6語)

____

□ ❷ (❶の答えとして)いいえ，しません。(3語)

____

□ ❸ 私のおじは料理をしません。(4語)

____

□ ❹ 野菜を切ってくれませんか。(5語)

____

ヒント

❼ ミスに注意
主語が3人称・単数の疑問文・否定文では，do，don'tの代わりにdoes，doesn'tを使うが，動詞は原形のまま。

❽
❶want to ～は「～したい」という意味。

❾
主語が3人称・単数の疑問文・否定文の形を思い出そう。

❿
❶主語のMakiは3人称・単数。

教科書 pp.66-73

Step 3 予想テスト Unit 6 ぼくのおじいさん ~Targetのまとめ⑥

30分 目標 80点

1 次の日本語に合う英文になるように，____に適切な語を書きなさい。知　15点(各完答5点)

1. ケンは毎日サッカーをします。 Ken plays soccer ______ ______.
2. テーブルをセットしてくれませんか。 ______ ______ set the table?
3. ヨウコは朝，ごみを外に出します。 Yoko ______ ______ the garbage in the morning.

2 次の日本語に合う英文になるように，(　)内の語句を並べかえなさい。ただし，不要な語が1語含まれています。知　15点(各5点)

1. あなたのお兄さんは皿を洗いますか。 (are / your brother / wash / does / the dishes)?
2. 私はピザが食べたいです。(eat / want / am / I / to / pizza).
3. あなたは徒歩で学校に通っていますか。(do / walk / school / you / to / for)?

3 ソラが写真を見せながら自分のおじいさんを紹介しています。その英文を読んで，あとの問いに答えなさい。知　20点

This is my grandfather. He lives in Yamagata. ①He goes to his orchards early in the morning. He grows cherries ②there. I like his cherries very much.

1. 下線部①を日本語にしなさい。　(7点)
2. 下線部②thereはどこのことですか。日本語で答えなさい。　(6点)
3. この英文の内容についての次の質問の答えを，3語の英語で書きなさい。　(7点)
   What does Sora's grandfather grow?

4 次の対話文を読んで，あとの問いに答えなさい。知　30点

Chen: Does your grandfather work every day?
Sora: Yes, he does. He's very busy ①(　　) the harvest season.
Chen: Does he work alone?
Sora: (　②　) He works with my uncle and aunt. They live together.

1. 下線部①が「収穫の季節の間中」という意味になるように，(　)に適切な語を書きなさい。　(6点)
2. ②の(　)に入る適切な文を，YesかNoのどちらかを使って英語3語で書きなさい。　(8点)

成績評価の観点　知…言語や文化についての知識・技能　表…外国語表現の能力

❸ この対話の内容に合うように，(　)に適切な日本語を書きなさい。 **(各8点)**

①ソラのおじいさんは毎日(　　　　　　)。

②ソラのおじいさんは(　　　　　　)といっしょに住んでいる。

❺ 下のケンタ(Kenta)の行動について，「ケンタは～します」という英文を２つ書きなさい。 表 **20点(各10点)**

・６時に起きる　　・７時30分に家を出る　　・放課後にテニスをする

・夕食後にテレビを見る　　・10時に寝る

❶	❶	
	❷	
	❸	
❷	❶	?
	❷	.
	❸	?
❸	❶	
	❷	
	❸	
❹	❶	
	❷	
	❸ ①	
	❸ ②	
❺		

教科書 pp.74-81

Step 1 基本チェック　Unit 7 アメリカの学校 ~Targetのまとめ⑦

5分

赤シートを使って答えよう！

❶ [いろいろな疑問文]

解答欄

□ ① あなたはいつサッカーを練習しますか。
[When] do you practice soccer?

□ ② あなたの誕生日はいつですか。 [When] is your birthday?

□ ③ 駅はどこですか。 [Where] is the station?

□ ④ ケンはどこで野球をしますか。
[Where] does Ken play baseball?

□ ⑤ あなたのお兄さんはどのようにして学校に行きますか。
[How] does your brother go to school?

①
②
③
④
⑤

POINT

❶ [いろいろな疑問文]

①「いつ」→時をたずねるときはwhenを使う。

・When does the school year begin in the USA? 〔アメリカでは，いつ新学期が始まりますか。〕
When「いつ」＋一般動詞の疑問文の形

——It begins in September. 〔9月に始まります。〕
時を表す語句

・When is Labor Day? ——It is the first Monday of September.
be動詞の疑問文の形　時を表す語句

〔労働者の日はいつですか。—— 9月の第1月曜日です。〕

②「どこで」→場所をたずねるときはwhereを使う。

・Where do they keep their textbooks? 〔彼らはどこに教科書を置いていますか。〕
Where「どこに[で]」＋一般動詞の疑問文の形

——They keep them in their lockers. 〔彼らはロッカーに置いています。〕
場所を表す語句

・Where are their lockers? ——They are in the corridor.
be動詞の疑問文の形　場所を表す語句

〔彼らのロッカーはどこですか。——廊下です。〕

③「どのように」→方法や様態をたずねるときはhowを使う。

・How do students go to school? ——They go to school by bus.
How「どのように」＋一般動詞の疑問文の形　方法を表す語句

〔生徒はどのようにして学校に通っていますか。——彼らはバスで学校に通っています。〕

Step 2 予想問題　Unit 7 アメリカの学校 ~Targetのまとめ⑦

30分
(1ページ10分)

❶ ❶～❹は単語の意味を書き，❺～❽は日本語を英語にしなさい。

□❶ wall (　　　)　□❷ free (　　　)
□❸ year (　　　)　□❹ then (　　　)
□❺ 図書館 ＿＿＿＿　□❻ ～の近くに[で，の] ＿＿＿＿
□❼ 休日，休み ＿＿＿＿　□❽ 眠る ＿＿＿＿

❷ 次の語で最も強く発音する部分の記号を答えなさい。

□❶ break-fast (ア イ) (　　)　□❷ com-put-er (ア イ ウ) (　　)

❸ 次の対話文について，(　)に入れるのに最も適切な文を㋐～㋒からそれぞれ1つ選び，◯で囲みなさい。

□❶ *A:* (　　)
B: I keep them in my desk.
㋐ Where do you keep your pens?
㋑ Are these notebooks yours?
㋒ How do you study English?

□❷ *A:* When is your birthday?
B: (　　)
㋐ It's May 16th.　㋑ I eat cake every year.
㋒ I want a bike.

□❸ *A:* (　　)
B: He goes to school by train.
㋐ Is Tom a student?　㋑ Where's Tom's school?
㋒ How does Tom go to school?

❹ 次の日本語に合う英文になるように，＿＿に適切な語を書きなさい。

□❶ バスは駅で生徒たちを拾います。
The bus ＿＿＿＿ ＿＿＿＿ students at the station.

□❷ 私を学校に連れていってくれますか。
Can you ＿＿＿＿ me ＿＿＿＿ school?

□❸ ケンは朝食の前に新聞を読みます。
Ken reads the newspaper ＿＿＿＿ ＿＿＿＿.

ヒント

❶
❸そのほかにday「日」，monthy「月」も確認しておこう。

❷日本語の発音に惑わされないように注意。

❸
❶，❸は応答に何を表す語句が含まれているかを考える。

❹
❸「～の前に」はbeforeを使って表す。

5 下の絵を見て，____に適切な語を右の□から選んで書きなさい。ただし，同じ語を2度使うことはできません。

- □ 1 The key is ____________ the sofa.
- □ 2 The books are ____________ the bag.
- □ 3 The cat is ____________ the table.
- □ 4 The table is ____________ the window.

by
under
on
in

6 次の英文を，(　)内の指示にしたがって書きかえなさい。

- □ 1 I eat sushi with my fingers.（下線部をたずねる文に）

  ____

- □ 2 Taro takes a bath after dinner.（下線部をたずねる文に）

  ____

- □ 3 My cat usually sleeps on the sofa.（下線部をたずねる文に）

  ____

7 次の質問に答える文と，(　)内の指示にしたがって英語で書きなさい。

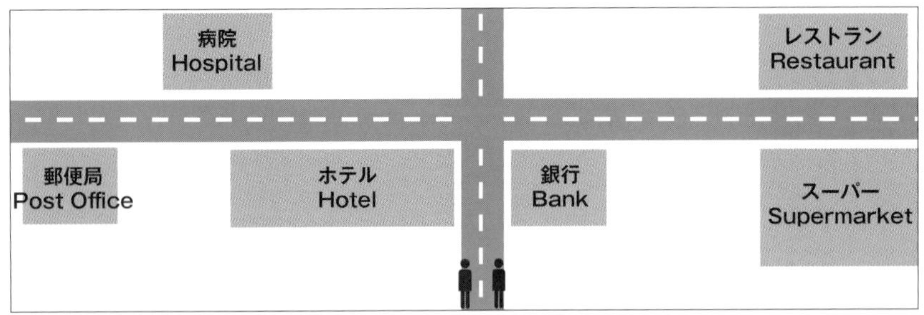

- □ 1 Where is the bank?（It'sで始めて4語の文に）

  ——Go straight down this street. ______________

- □ 2 Excuse me? Where's the post office?

  （「ホテルのところで左に曲がってください。」という文に）

  ——Go straight down this street.

  ______________ Go straight. It's on your left.

ヒント

5 場所を表す語をしっかり確認しておこう。

6 ミスに注意

1は方法，2は時，3は場所をたずねる疑問文に書きかえる。

7

1「～側に」はonを使って表す。

 ［解答▶p.11］

❽ 次の英文を日本語にしなさい。

□ ❶ The summer vacation begins in July.
(　　　　　　　　　　　　　　　　　　　　)

□ ❷ I put my bag under my desk.
(　　　　　　　　　　　　　　　　　　　　)

□ ❸ Labor Day is the first Monday of September.
(　　　　　　　　　　　　　　　　　　　　)

□ ❹ Kenta goes to school by bike.
(　　　　　　　　　　　　　　　　　　　　)

❾ 次の日本語に合う英文になるように，(　)内の語句を並べかえなさい。ただし，不要な語が1語含まれています。

□ ❶ サキはいつ宿題をしますか。
(what / does / do / her homework / Saki / when)?
________________________________?

□ ❷ あなたのロッカーはどこですか。
(do / where / locker / is / your)?
________________________________?

□ ❸ ユウタはどのようにしてスパゲッティを食べますか。
(Yuta / eat / spaghetti / how / does / eats)?
________________________________?

□ ❹ (❸の答えとして)彼はそれをフォークを使って食べます。
(eats / in / he / it / with / a fork).
________________________________.

❿ 次の日本語に合う英文を，(　)内の語を使って書きなさい。

□ ❶ あなたはいつサッカーをしますか。 (soccer)
____

点UP □ ❷ (❶の答えとして)私は日曜日にそれをします。 (on)
____

□ ❸ あなたはどのようにして学校に来ますか。 (come)
____

ヒント

❽
❹ここでのbyは手段・方法を表している。

❾
疑問詞を使う疑問文の語順を思い出そう。〈疑問詞＋一般動詞の疑問文〉，〈疑問詞＋be動詞の疑問文〉の形

❿
❷「それ」は前に出てきた1つのもの・ことを指す。ここでは❶のsoccer「サッカー」を指している。

Unit 7

Step 3 予想テスト Unit 7 アメリカの学校 ~Targetのまとめ⑦

30分 /100点 目標 80点

1 次の日本語に合う英文になるように，____に適切な語を書きなさい。知　15点(各完答5点)

1. ダイスケは朝食のあとに歯をみがきます。 Daisuke ______ his ______ after breakfast.
2. アイは夕食の前に入浴します。 Ai ______ a ______ before dinner.
3. 警察署は右側にあります。 The police station is ______ your ______.

2 次の日本語に合う英文になるように，(　)内の語句を並べかえなさい。ただし，不要な語が1語含まれています。知　24点(各6点)

1. 父が毎朝，弟を学校に連れていきます。
(takes / my brother / my father / up / to / school) every morning.
2. あなたはどこでバイオリンを練習しますか。
(do / the violin / where / you / practice / are)?
3. 絵が壁にかかっています。 (by / on / a picture / the wall / is).
4. 日本では夏休みはいつ始まりますか。
(is / begin / when / the summer vacation / does) in Japan?

3 次の対話文について，(　)に入れるのに最も適切な文を㋐～㋓からそれぞれ1つ選び，記号で答えなさい。知　14点(各7点)

1. *Sora:* (　　)
Emily: It's the first Monday of September.
㋐ What do you do on Labor Day?　㋑ When is Labor Day?
㋒ What is Labor Day?　㋓ Where is a calendar?
2. *Sora:* How do students go to school in the USA?
Emily: (　　)
㋐ Yes, the buses are free.　㋑ The buses take students to their homes.
㋒ Many students go to school by bus.　㋓ The bike is mine.

4 次の対話文を読んで，あとの問いに答えなさい。知　27点

Emily: In the USA, students usually don't bring their textbooks home.
Sora: Where do they keep their textbooks?
Emily: They keep them in their lockers.
Sora: Where are their lockers?
Emily: They're in the hallway.

❶ 下線部を日本語にしなさい。 (7点)

❷ この対話の内容に合うように，(　)に適切な日本語を書きなさい。 (各10点)

①アメリカでは，生徒はロッカーに(　　　　　　)。

②(　　　　　　)は廊下にある。

❺ 次のRyan (ライアン)の自己紹介を読んで，あとの問いに答えなさい。 表 20点(各10点)

Ryan: I'm from New Zealand. I like music. I play the flute. I study Japanese.

❶ ライアンに対して「いつ～しますか」と質問する文を書きなさい。

❷ ライアンに対して「どこで～しますか」と質問する文を書きなさい。

❶	❶			
	❷			
	❸			
❷	❶	every morning.		
	❷	?		
	❸	.		
	❹	in Japan?		
❸	❶	❷		
❹	❶			
	❷	①		
		②		
❺	❶			
	❷			

[解答▶p.12]

教科書 pp.82-93

Step 1 基本チェック Unit 8 ベル先生の買い物 ~Project 2

5分

赤シートを使って答えよう！

❶ [AとBのどちらが～ですか]

□ ❶ あなたはお好み焼きと焼きそばのどちらをすすめますか。
[Which] do you recommend, *okonomiyaki* [or] *yakisoba*?

❷ [Why ～?で理由をたずねる・Because ～.で答える]

□ ❶ なぜあなたは鳥が好きなのですか。 [Why] do you like birds?

□ ❷ (❶の答えとして)──なぜならそれらはかわいいからです。
──[Because] they are cute.

❸ [過去のことを説明する]

□ ❶ 私は先週いそがしかったです。 I [was] busy last week.

□ ❷ 私は以前，料理が得意ではありませんでした。
I [was not [wasn't]] good at cooking before.

□ ❸ ケンは先週いそがしかったですか。 [Was] Ken busy last week?

解答欄

❶ ________
____

❶ ________
❷ ________

❶ ________
❷ ________
❸ ________

POINT

❶ [AとBのどちらが～ですか]〈Which do you ～, A or B?〉

・Which do you want, *soba* or *udon*? ──I want *soba*.
Whichを文の最初に置く 「～か(または)…」 どちらかを具体的に答える
〔あなたは，そばとうどんのどちらがほしいですか。──私はそばがほしいです。〕

❷ [Why ～?で理由をたずねる・Because ～.で答える]

・Why do you like *kotatsu*? ──Because I can relax in it.
Whyを文の最初に置く Becauseで文を始める
〔なぜあなたはこたつが好きなのですか。──リラックスできるからです。〕

❸ [過去のことを説明する] 「～でした」と言うときは，be動詞を過去形にする。

①肯定文→amとisはwasに，areはwereにする。

・I was twelve years old last year. 〔私は昨年12歳でした。〕

②否定文→〈主語＋was [were] not ～.〉 was，wereのあとにnotを置く。

・Sora was not [wasn't] busy today. 〔ソラは今日いそがしくありませんでした。〕

③疑問文→〈Was [Were]＋主語 ～?〉 was，wereを主語の前に出す。

・Were you at home today? ──Yes, I was. / No, I was not [wasn't].
wereを主語の前に置く be動詞の過去形を使って答える
〔あなたは今日家にいましたか。──はい，いました。／いいえ，いませんでした。〕

Step 2 予想問題 Unit 8 ベル先生の買い物 ~Project 2

30分 (1ページ10分)

1 ❶~❻は単語の意味を書き，❼~⓬は日本語を英語にしなさい。

□❶ clerk ( ) □❷ hard ( )
□❸ week ( ) □❹ soup ( )
□❺ visit ( ) □❻ choose ( )
□❼ 厚い ______ □❽ 薄い ______
□❾ 長い ______ □❿ 短い ______
□⓫ よく，たびたび ______ □⓬ ~を使う，消費する ______

2 次の各組の下線部の発音が同じなら○，異なれば×を書きなさい。

□❶ only / contest ( ) □❷ still / kind ( )

3 次の英文の( )に入れるのに最も適切な語を㋐~㊤からそれぞれ1つ選び，○で囲みなさい。

□❶ I want to swim in the ( ).
㋐ space ㋑ sale ㋒ tea ㊤ sea

□❷ *A:* This shirt was 10,000 yen.
B: Oh, that's ( ).
㋐ large ㋑ expensive ㋒ various ㊤ last

□❸ *A:* It's ( ) today.
B: Do you need gloves?
㋐ small ㋑ cold ㋒ big ㊤ eco-friendly

4 次の日本語に合う英文になるように，____に適切な語を書きなさい。

□❶ なぜあなたはミアが好きなのですか。
______ ______ you like Mia?

□❷ (❶に答えて)彼女は親切だからです。
______ ______ kind.

□❸ あなたは数学と英語，どちらが好きですか。
______ do you like, math ______ English?

ヒント

1
❺，❻はどちらも日常でよく使う動詞。書けるようにしておこう。

2 同じつづりでも，発音が異なる場合があるので注意。

3
❷値段について述べる形容詞はどれかを考える。

4
❸ math と English の間には，語と語，句と句などを結ぶ接続詞が入る。

❺ 次の英文の____に，適切な語を下の□から選んで書きなさい。ただし，同じ語を2度使うことはできません。

□ ❶ Hiro ______ good at P.E. before,
but he ______ good at it now.

□ ❷ *A:* ______ you and Kana members of the soccer team last year?
B: No, we ______.

□ ❸ I ______ a baseball fan before, but now I like rugby.

weren't	wasn't	is	were	was

❻ 次の英文を，(　)内の指示にしたがって書きかえなさい。

□ ❶ The TV program is funny. (文末にbeforeを加えた文に)

______

□ ❷ You are busy <u>every day</u>. (下線部をlast weekにかえた文に)

______

□ ❸ My father isn't at home. (文末にlast Saturdayを加えた文に)

______

□ ❹ Is Ken a rugby fan? (文末にbeforeを加えた文に)

______

❼ 次の質問に答える文を，(　)内の指示にしたがって英語で書きなさい。

□ ❶ Were you at home last Sunday? (自分について3語で答える)

______

□ ❷ Which do you want to have, a cat or a dog?
(自分について4語で答える)

______

□ ❸ Why does Maya like the movie? (絵を見て3語で答える)

______

ヒント

❺
❶❸のbeforeは「以前に」，❷のlastは「この前の，先～，昨～」という意味。

❻
be動詞の過去形はwasとwereの2種類だよ。

❼
❷「どちらを」と聞かれているので，Yes / Noではなくどちらかを具体的に答える。

❸「なぜ」と聞かれているので，「～だからです」と理由を答える。

❽ 次の英文を日本語にしなさい。

□ ❶ I'd like a shirt for my father.
(　　　　　　　　　　　　　　　　　　　　　　　　)

□ ❷ Which do you want, tea or coffee?
(　　　　　　　　　　　　　　　　　　　　　　　　)

□ ❸ It's cold these days.
(　　　　　　　　　　　　　　　　　　　　　　　　)

❾ 次の日本語に合う英文になるように，(　)内の語句を並べかえなさい。ただし，不要な語が1語含まれています。

□ ❶ 私の母はたくさんのスカーフを持っています。
(a / my mother / many / lot / has / of) scarves.
＿＿＿＿＿＿＿＿＿＿＿＿＿＿＿＿＿＿＿＿ scarves.

□ ❷ タケシは毎日音楽を聞きます。
(music / Takeshi / to / for / listens) every day.
＿＿＿＿＿＿＿＿＿＿＿＿＿＿＿＿＿＿＿＿ every day.

□ ❸ あなたはどんな種類のフルーツを育てていますか。
(fruit / you / kind / what / do / how / of) grow?
＿＿＿＿＿＿＿＿＿＿＿＿＿＿＿＿＿＿＿＿ grow?

□ ❹ あなたは自由な時間に何をしますか。
(what / do / do / free / you / in / your / when) time?
＿＿＿＿＿＿＿＿＿＿＿＿＿＿＿＿＿＿＿＿ time?

❿ 次の日本語に合う英文を，(　)内の語を使って書きなさい。

□ ❶ バナナは以前，安くありませんでした。(bananas)
＿＿＿＿＿＿＿＿＿＿＿＿＿＿＿＿＿＿＿＿＿＿＿＿

点UP □ ❷ なぜあなたはそのマンガをすすめるのですか。(that manga)
＿＿＿＿＿＿＿＿＿＿＿＿＿＿＿＿＿＿＿＿＿＿＿＿

□ ❸ (❷ に答えて)おもしろいからです。(funny)
＿＿＿＿＿＿＿＿＿＿＿＿＿＿＿＿＿＿＿＿＿＿＿＿

ヒント

❽
❶ I'd like ～はI want ～の丁寧な言い方。

❾
❹「何をするか」をたずねるにはどの疑問詞を使えばよいかを考える。

❿ ミスに注意
❷のように疑問詞を使った文は，まず疑問詞を文のはじめに置く。そのあとは通常の疑問文の語順を続ければよい。

Step 3 予想テスト　Unit 8 ベル先生の買い物 ~Project 2

30分　/100点　目標 80点

1 次の日本語に合う英文になるように，____に適切な語を書きなさい。知　15点（各完答5点）

1. 私の父はたくさんのネクタイを持っています。 My father has ______ ______ ______ ties.
2. ユウタは留学したいと思っています。 Yuta wants to ______ ______.
3. ハンバーガーを2つとコーラ1つをもらえますか。
   ______ ______ ______ two hamburgers and one cola?

2 次の日本語に合う英文になるように，（　）内の語や符号を並べかえなさい。ただし，不要な語が1語含まれています。知　15点（各5点）

1. あなたはふつう何時に起きますか。（ time / when / do / you / what / usually / get ） up?
2. あなたは，コーラとコーヒーのどちらがほしいですか。
   （ do / cola / want / which / , / you / is ） or coffee?
3. あなたはどんな種類のサラダが好きですか。
   （ salad / kind / how / do / of / what / you / like ）?

3 次の対話文について，（　）に入れるのに最も適切な文を㋐～㋓からそれぞれ１つ選び，記号で答えなさい。知　14点（各7点）

1. *Ms. Bell:* （　　）
   Aoi: I recommend a *kotatsu*.
   ㋐ Is it a fan heater?　㋑ Which do you recommend, a fan heater or a *kotatsu*?
   ㋒ Why do you recommend it?　㋓ How much is the *kotatsu*?
2. *Ms. Bell:* Do you speak English?
   Shop Clerk: Yes. （　　）
   Ms. Bell: I'd like a *kotatsu*.
   ㋐ How are you?　㋑ Can I help you?
   ㋒ Can you help me?　㋓ How about you?

4 次の対話文を読んで，あとの問いに答えなさい。知　26点

Ms. Bell: Why do you like a *kotatsu*?
Aoi: ①Because I can relax in it. I often sleep in it.
Ms. Bell: Oh, really.
Aoi: Also ②a *kotatsu* is eco-friendly.
Ms. Bell: Why is a *kotatsu* eco-friendly?
Aoi: Because it warms a small space and doesn't use a lot of power.

　成績評価の観点　知…言語や文化についての知識・技能　表…外国語表現の能力

❶ 下線部①を日本語にしなさい。 (10点)

❷ アオイが下線部②のように考える理由となるように，下の(㋐)と(㋑)に適する日本語を書きなさい。

(各8点)

こたつは(㋐)を暖める。そして，こたつは(㋑)を使わない。

5 下のアイ(Ai)についての情報を参考に，アイについて，❶は「～でした」，❷は「～ではありませんでした」，❸は「～します」という英文を書きなさい。 表 30点(各10点)

・去年，バスケットボール部の部員だった。
・以前，サッカーのファンだった。
・自由な時間に音楽を聞く。
・以前，英語が得意ではなかった。
・彼女の髪の毛は昨年，長くなかった。
・たくさんの本を持っている。

1	❶			
	❷			
	❸			
2	❶ up?			
	❷ or coffee?			
	❸ ?			
3	❶	❷		
4	❶			
	❷	㋐	㋑	
5	❶			
	❷			
	❸			

教科書 pp.94-103

Step 1 基本チェック　Unit 9 冬休みの思い出 ~Targetのまとめ⑨

5分

赤シートを使って答えよう！

❶ [一般動詞の過去形]

□ ❶ 私は昨日，おばを訪問しました。
I [visited] my aunt yesterday.

□ ❷ ケンタは先週の水曜日にバレーボールを練習しました。
Kenta [practiced] volleyball last Wednesday.

□ ❸ 私は昨日，そのネコを見ました。
I [saw] that cat yesterday.

□ ❹ そのあと，私たちはデパートに行きました。
After that, we [went] to the department store.

□ ❺ クミは先週フルートを演奏しましたか。──はい，しました。
[Did] Kumi [play] the flute last week?　──Yes, she [did].

□ ❻ 彼らは温泉を楽しみませんでした。
They [did not [didn't]] [enjoy] the hot spring.

解答欄

❶ ______

❷ ______

❸ ______

❹ ______

❺ ______
______
______

❻ ______
______

POINT

❶ [一般動詞の過去形]　「～した」と過去の動作・状態を表す。

①肯定文[規則動詞]→動詞にed，dをつける。

・We played baseball yesterday.　〔私は昨日野球をしました。〕
played: play + ed

②肯定文[不規則動詞]→それぞれの過去形にする。

・I went to Kenrokuen Garden last Sunday.　〔私は先週の日曜日に兼六園に行きました。〕
went: goの過去形

・We ate lunch together.　〔私たちはいっしょに昼食を食べました。〕
ate: eatの過去形

③疑問文→〈Did＋主語＋動詞の原形 ～?〉

・Did you enjoy the trip?　──Yes, we did. / No, we did not [didn't].
Did: Didを主語の前に置く　enjoy: 動詞は原形　did: didを使って答える

〔あなたたちは旅行を楽しみましたか。──はい，楽しみました。／いいえ，楽しみませんでした。〕

④否定文→〈主語＋did not [didn't]＋動詞の原形 ～.〉

・Mia did not [didn't] make dinner yesterday.　〔ミアは昨日夕食を作りませんでした。〕
did not [didn't]＋動詞の原形

Step 2 予想問題　Unit 9 冬休みの思い出 ~Targetのまとめ⑨

30分
(1ページ10分)

❶ ❶～❻は単語の意味を書き，❼～⓬は日本語を英語にしなさい。

□ ❶ mechanical pencil (　　　　)　□ ❷ buy (　　　　)
□ ❸ ride (　　　　)　□ ❹ large (　　　　)
□ ❺ snow (　　　　)　□ ❻ century (　　　　)
□ ❼ うれしい，幸せな ______　□ ❽ プレゼント ______
□ ❾ タオル ______　□ ❿ 博物館，美術館 ______
□ ⓫ 作業員 ______　□ ⓬ シーフード，海産物 ______

❷ 次の語で最も強く発音する部分の記号を答えなさい。

□ ❶ af-ter-noon
　　ア イ ウ
(　　)

□ ❷ pa-rade
　　ア イ
(　　)

❸ 次の英文の(　)に入れるのに最も適切な語を㋐～㋓からそれぞれ１つ選び，○で囲みなさい。

□ ❶ We saw a lot of beautiful flowers in the (　　).
　㋐ garden　㋑ curry　㋒ mug　㋓ staff

□ ❷ The cafe (　　) delicious pancakes.
　㋐ covers　㋑ meets　㋒ marries　㋓ serves

□ ❸ Look at these vegetables. They are very (　　).
　㋐ relaxing　㋑ fresh　㋒ cheerful　㋓ outgoing

❹ 次の日本語に合う英文になるように，____に適切な語を書きなさい。

□ ❶ 私たちはそこで楽しく過ごしました。
We had a ______ ______ there.

□ ❷ 3年後に彼らは結婚しました。
Three ______ ______, they married.

□ ❸ 私は午後4時にホテルに到着しました。
I ______ ______ the hotel at 4 p.m.

□ ❹ なんてかっこいいTシャツでしょう。
______ a cool T-shirt!

ヒント

❶
❷，❸は動詞，❹は形容詞。

❷日本語の発音に惑わされないように注意。

❸
❷「(飲食物)を出す」という意味の語を選ぶ。

❹ ミスに注意
❹「なんて～!」は，後ろに〈a(n)+形容詞+名詞〉が続く場合はwhat，形容詞・副詞が続く場合はhowで表す。

Unit 9

5 次の英文の(　)内の語を，必要があれば適切な形(1語)にして書きなさい。

□ 1 We (clean) our room yesterday. ＿＿＿＿＿＿

□ 2 Miho (go) to school last Saturday. ＿＿＿＿＿＿

□ 3 Did Naoko (help) her father yesterday? ＿＿＿＿＿＿

□ 4 Yuki visited Mike and they (study) English. ＿＿＿＿＿＿

□ 5 We (eat) dinner at the restaurant last month. ＿＿＿＿＿＿

□ 6 I didn't (practice) soccer last Sunday. ＿＿＿＿＿＿

6 次の英文を，(　)内の指示にしたがって書きかえなさい。

□ 1 Ken makes cake every Saturday.
（下線部をlast Sundayにかえた文に）

＿＿＿＿＿＿＿＿＿＿＿＿＿＿＿＿＿＿＿＿

□ 2 Do you enjoy the parade? （文末にyesterdayを加えた文に）

＿＿＿＿＿＿＿＿＿＿＿＿＿＿＿＿＿＿＿＿

□ 3 My father doesn't go to Hokkaido. （文末にlast yearを加えた文に）

＿＿＿＿＿＿＿＿＿＿＿＿＿＿＿＿＿＿＿＿

点UP □ 4 What time do you usually get up every day?
（下線部をyesterdayにかえた文に）

＿＿＿＿＿＿＿＿＿＿＿＿＿＿＿＿＿＿＿＿

7 次の質問に答える文を，(　)内の指示にしたがって英語で書きなさい。

□ 1 Did you read a book yesterday? （自分について3語で答える）

＿＿＿＿＿＿＿＿＿＿＿＿＿＿＿＿＿＿＿＿

□ 2 What did Taro do last Saturday? （絵を見て2文で答える）

＿＿＿＿＿＿＿＿＿＿＿＿＿＿＿＿＿＿＿＿

ヒント

5

過去の文では動詞を過去形にするが，疑問文・否定文では動詞は原形にする。did, didn'tがあったら動詞は原形になると覚えよう。

6

過去の文では，主語によって動詞やdidの形は変わらない。doもdoesも過去の文ではdidになると覚えておこう。

7

2 After that「そのあと」で2つの文をつなぐ。

 [解答▶p.15]

8 次の英文を日本語にしなさい。

□ 1 I also went to a popular cafe.
(　　　　　　　　　　　　　　　　　　　　　　　　)

□ 2 I went shopping with my mother in the afternoon.
(　　　　　　　　　　　　　　　　　　　　　　　　)

□ 3 My brother lives in Tokyo, so I went there.
(　　　　　　　　　　　　　　　　　　　　　　　　)

9 次の日本語に合う英文になるように，(　)内の語句を並べかえなさい。ただし，不要な語が1語含まれています。

□ 1 マヤは昨日宿題をしましたか。
(did / her homework / does / do / Maya) yesterday?
______________________________ yesterday?

□ 2 なんてかわいいマグカップでしょう！
(a / cute / is / what / mug)！
__________________________________！

□ 3 ケンは先週の日曜日に家にいました。
(stayed / Ken / home / last / on) Sunday.
______________________________ Sunday.

10 次の日本語に合う英文を，(　)内の語数で書きなさい。

□ 1 私は先週の土曜日に映画を見ました。（6語）
____

□ 2 私は昨日の朝7時に起きました。（7語）
____

□ 3 私は私の母のために花を買いました。（6語）
____

点UP □ 4 あなたは京都で何をしましたか。（6語）
____

ヒント

8
3 soは「それで，だから」という意味。

9
1「〜しましたか」は〈Did＋主語＋動詞の原形 〜?〉の形。

10 ミスに注意
4のように疑問詞を使った文は，まず疑問詞を文のはじめに置く。そのあとは通常の疑問文の語順を続ければよい。

Unit 9

Step 3 予想テスト Unit 9 冬休みの思い出 ~Targetのまとめ⑨

30分 /100点 目標 80点

1 次の日本語に合う英文になるように，____に適切な語を書きなさい。知 15点(各完答5点)

❶ 彼らは公園の大きな木を切り倒します。
They ______ ______ the big tree in the park.

❷ 私たちは東京スカイツリーに行き，写真をとりました。
We went to Tokyo Skytree and ______ ______.

❸ 私たちは夕食のために人気のあるレストランに行きました。
We went to a popular restaurant ______ ______.

2 次の日本語に合う英文になるように，(　)内の語句を並べかえなさい。ただし，不要な語が1語含まれています。知 15点(各5点)

❶ あなたは昨日何をしましたか。(do / you / did / what / were) yesterday?

❷ 2年後，アイはニューヨークを訪れました。
Ai (years / New York / then / visited / two / later).

❸ なんて美しいハンカチでしょう！(how / beautiful / a / what / handkerchief)!

3 次の対話文を読んで，あとの問いに答えなさい。知 16点

Sora: Did you visit the 21st Century Museum?
Emily: ①(　　), we (　　). ②We didn't have much time. But we enjoyed shopping at Kanazawa Station. It's a beautiful station.

❶ 下線部①がソラの質問に対する答えとして適切な文になるように，それぞれの(　)に適切な1語を書きなさい。 (8点)

❷ 下線部②を日本語にしなさい。 (8点)

4 エミリー(Emily)が冬休みにしたことを発表しています。英文を読んで，あとの問いに答えなさい。知 表 34点

I visited *Kanazawa* with my family. ①We arrived (㋐) *ryokan*, Japanese-style hotel, (㋑) the evening. The hotel staff welcomed us. They served Japanese tea and sweets. ②After that, we enjoyed the hot spring. It was relaxing.

❶ 下線部①が「私たちは夕方に日本式のホテル，旅館に到着しました」という意味になるように，㋐，㋑の(　)にそれぞれ適切な1語を書きなさい。 (各5点)

❷ 下線部②を日本語にしなさい。 (8点)

 成績評価の観点 知…言語や文化についての知識・技能 表…外国語表現の能力

❸ この対話の内容についての次の質問に，それぞれ(　)内の語数の英語で答えなさい。 **(各8点)**

①Where did Emily go with her family during winter vacation?　(4語)

②What did the hotel staff serve?　(6語)

❺ 次の，イチロウ(Ichiro)が昨日したことを表す絵を参考に，「イチロウは昨日～しました」という英文を2つ書きなさい。 表

20点(各10点)

❶	①			
	②			
	③			
❷	①	yesterday?		
	②	Ai .		
	③	!		
❸	①			
	②			
❹	①	㋐	㋑	
	②			
	③	①		
		②		
❺	①			
	②			

教科書 pp.104-117

Step 1 基本チェック　Unit 10 日本のマンガ文化 ~Project 3

5分

赤シートを使って答えよう！

❶［現在進行形］

□ ❶ 私たちは今野球をしています。
We [are] [playing] baseball now.

□ ❷ サキは今英語を勉強しています。
Saki is [studying] English now.

□ ❸ あなたは今本を読んでいますか。――いいえ，読んでいません。
Are you [reading] a book now? ――No, I'm [not].

□ ❹ タロウは今テレビを見ていますか。――はい，見ています。
[Is] Taro watching TV now? ――Yes, he [is].

□ ❺ カナは音楽を聞いていません。
Kana [isn't] listening to music.

□ ❻ あなたのお姉さんは今何をしていますか。
――彼女はピアノをひいています。
What [is] your sister doing now?
――She's [playing] the piano.

解答欄

❶ ＿＿＿＿ ＿＿＿＿

❷ ＿＿＿＿

❸ ＿＿＿＿ ＿＿＿＿

❹ ＿＿＿＿ ＿＿＿＿

❺ ＿＿＿＿

❻ ＿＿＿＿ ＿＿＿＿

POINT

❶［現在進行形］　現在，動作をしている最中であることを表す。

①肯定文→〈主語＋be動詞(am, is, are)＋動詞のing形 ～.〉

・Max is playing soccer now.　〔マックスは今サッカーをしています。〕
動詞をing形にする　※be動詞を忘れないように

②疑問文→〈be動詞(am, is, are)＋主語＋動詞のing形 ～?〉

・Is Tom studying math now?　――Yes, he is. / No, he is not [isn't].
主語の前にbe動詞　動詞はing形　be動詞を使って答える
〔トムは今数学を勉強していますか。――はい，しています。／いいえ，してません。〕

③否定文→〈主語＋be動詞(am, is, are)＋not＋動詞のing形 ～.〉

・Kenta is not [isn't] eating curry.　〔ケンタはカレーを食べていません。〕
be動詞のあとにnot　動詞のing形は変わらない

④「(今)何をしていますか」→Whatを文頭に置いて現在進行形の疑問文の形を続ける。

・What is the man doing?　〔その男性は何をしていますか。〕
What＋現在進行形の疑問文の形

Step 2 予想問題 Unit 10 日本のマンガ文化 ~Project 3

30分 (1ページ10分)

1 ①～⑥は単語の意味を書き，⑦～⑫は日本語を英語にしなさい。

□ ① laugh ( ) □ ② tired ( )
□ ③ sad ( ) □ ④ excited ( )
□ ⑤ interesting ( ) □ ⑥ wonderful ( )
□ ⑦ 文化 ______ □ ⑧ ～を売る ______
□ ⑨ 有名な ______ □ ⑩ ほほえむ ______
□ ⑪ 国 ______ □ ⑫ 家 ______

2 次の語で最も強く発音する部分の記号を答えなさい。

□ ① mag-a-zine (ア イ ウ) ( )
□ ② mu-si-cian (ア イ ウ) ( )

3 次の日本語に合う英文になるように，____に適切な語を書きなさい。

□ ① 私たちはバスを待っています。
We're ______ ______ a bus.

□ ② タカシとタロウは向こうにいます。
Takashi and Taro are ______ ______.

□ ③ 私たちはカフェへの長い列にいました。
We were ______ a long ______ for the cafe.

4 次の英文を，( )内の指示にしたがって書きかえなさい。

□ ① Aya swims on Sunday. (「今～しています」という文に)
______

□ ② We don't clean this room. (「～していません」という文に)
______

□ ③ Ryo is taking pictures now. (下線部を問う疑問文に)
______

□ ④ Donna reads manga every day. (howを用いて下線部を問う疑問文に)
______

ヒント

1
①は動詞，②～⑥はすべて形容詞。

2 日本語の発音に惑わされないように注意。

3
①「待っています」とあるので，現在進行形の文にする。

③「列」はlineを使って表す

4
③「写真をとっている」という行動が答えになるような疑問文にする。

④マンガをどのくらいの度合いで読むのかをたずねる疑問文を考える。

5 次の絵を見て，「～しています」という英文になるように，下の□から動詞を選び，適切な形(2語)にして書きなさい。

□ 1 

□ 2 
□ 3 

□ 4 
□ 5 

□ 1 Meg ＿＿＿＿＿＿ ＿＿＿＿＿＿ a song.

□ 2 Two boys ＿＿＿＿＿＿ ＿＿＿＿＿＿ curry.

□ 3 Mike ＿＿＿＿＿＿ ＿＿＿＿＿＿.

□ 4 Some girls ＿＿＿＿＿＿ ＿＿＿＿＿＿ pictures.

□ 5 We ＿＿＿＿＿＿ ＿＿＿＿＿＿ TV now.

draw	eat	run	sing	watch

6 次の質問に答える文を，(　)内の指示にしたがって英語で書きなさい。

□ 1 What is Mr. Sato doing?　(絵を見て答える)

＿＿＿＿＿＿＿＿＿＿＿＿＿＿＿＿＿＿＿＿＿＿＿＿＿＿＿＿

□ 2 What are Saki and Maya doing?　(絵を見て答える)

＿＿＿＿＿＿＿＿＿＿＿＿＿＿＿＿＿＿＿＿＿＿＿＿＿＿＿＿

□ 3 How did Tom get to the station?　(絵を見て 5 語で答える)

＿＿＿＿＿＿＿＿＿＿＿＿＿＿＿＿＿＿＿＿＿＿＿＿＿＿＿＿

ヒント

5 ミスに注意

「～しています」なので，現在進行形の文にする。動詞をing形にするだけでなく，主語に合ったbe動詞を置くことが必要。

6

質問文の主語に合った代名詞を使って答えよう。

❼ 次の英文を日本語にしなさい。

□ ❶ I had soccer practice in the morning.
(　　　　　　　　　　　　　　　　　　　　)

□ ❷ We watched TV all day yesterday.
(　　　　　　　　　　　　　　　　　　　　)

□ ❸ Some people are reading magazines. Others are doing their homework.
(　　　　　　　　　　　　　　　　　　　　)

❽ 次の日本語に合う英文になるように，(　)内の語句を並べかえなさい。

□ ❶ その映画は世界中で人気があります。
That movie (world / the / popular / is / around).
That movie ______________________________.

□ ❷ アニメは日本と世界の間の架け橋です。
Anime is (between / Japan / a bridge / and / the world).
Anime is ______________________________.

□ ❸ 私の姉は電話で話しています。
My sister (is / on / phone / talking / the).
My sister ______________________________.

点UP □ ❹ 私の宿題を手伝ってくれますか。
(me / my homework / can / with / you / help)?
______________________________?

❾ 次の日本語に合う英文を，(　)内の語数で書きなさい。

□ ❶ あなたは今何をしていますか。（5語）
____

□ ❷ (❶の答えとして)――私は私の部屋を掃除しています。（4語）
____

□ ❸ 私は科学に興味があります。（4語）
____

□ ❹ 私は楽しい1日を過ごしました。（5語）
____

ヒント

❼
❸代名詞のotherは「ほかの人[もの]」という意味。

❽
❹「～の…を手伝う」はhelp ～ with …の語順。

❾
❶「(今)何をしていますか」とたずねるときは，Whatを文頭に置いて，現在進行形の疑問文の形を続ける。

Step 3 予想テスト Unit 10 日本のマンガ文化 ~Project 3

30分 /100点 目標 80点

1 次の日本語に合う英文になるように，____に適切な語を書きなさい。知 20点（各完答5点）

1 マックスはどのくらいの頻度でバスケットボールを練習しますか。

_____ _____ does Max practice basketball?

2 私のネコは夜，私のベッドで眠ります。

My cat sleeps in my bed _____ _____.

3 私は辞書を探しています。

I'm _____ _____ a dictionary.

4 たとえば，今たくさんの人々が日本食を好んでいます。

_____ _____, a lot of people like Japanese food now.

2 次の日本語に合う英文になるように，（　）内の語を並べかえなさい。知 15点（各5点）

1 ケンは今朝シャワーを浴びましたか。

(Ken / did / a / take / this / shower) morning?

2 あなたはアイを待っているのですか。(you / for / waiting / are) Ai?

3 着物を着ている人もいます。(people / kimonos / are / some / wearing).

3 次の対話文について，（　）に入れるのに最も適切な文を㋐～㋓からそれぞれ1つ選び，記号で答えなさい。知 12点（各6点）

Chen: Hello? This is Chen.

Sora: Hi, Chen. This is Sora. (①)

Chen: Can you help me with my Japanese homework?

Sora: (②)

① ㋐ What's up? ㋑ What's that? ㋒ Who's this boy? ㋓ What time is it?

② ㋐ That's great. ㋑ Yes, it is. ㋒ Of course. ㋓ Me, too.

4 次の対話文を読んで，あとの問いに答えなさい。知表 21点

Aoi: Look at this old picture.

Chen: I see a rabbit and some frogs. Are they ①(dance)?

Aoi: No, they aren't. They are wrestling.

Chen: ②I (　　). Are these frogs ③(laugh)?

Aoi: Yes, they are.

Chen: They are very funny.

❶ 下線部①，③の( )内の語を適切な形にして書きなさい。 (各5点)

❷ 下線部②が「なるほど。」という意味になるように，( )に適切な1語を書きなさい。 (5点)

❸ この対話の内容についての次の質問に，( )内の語数の英語で答えなさい。 (6点)
What are the rabbit and frogs in the picture doing? (3語)

❺ 下の❶～❹の指示にしたがって，英文を書きなさい。表 32点(各8点)

❶ あなたの友だちや家族が今，していることを書く。

❷ 相手に今何しているかをたずねる。

❸ 日記に「～しました」と今日の午後にしたことを書く。

❹ 「～でした」と，❸についての感想を書く。

❶	❶		
	❷		
	❸		
	❹		
❷	❶	morning?	
	❷	Ai?	
	❸	.	
❸	①	②	
❹	❶	①	③
	❷		
	❸		
❺	❶		
	❷		
	❸		
	❹		

[解答▶p.18-19]

教科書 pp.118-121

Step 1 基本チェック

Let's Read ①②
The Crow and the Pitcher / River Crossing Puzzle

5分

赤シートを使って答えよう！

❶ [助動詞could]

□ ① ついに私はその映画を見ることができました。
Finally I [could] [see] that movie.

□ ② エミは眠ることができませんでした。
Emi [could] [not] sleep.

❷ [一般動詞の過去形]

□ ① タロウはテーブルの上にフォークを落としました。
Taro [dropped] a fork on the table.

□ ② 私はソファの上にかぎを見つけました。
I [found] a key on the sofa.

□ ③ 「あまり時間がない。」とケンは考えました。
"I don't have much time," Ken [thought].

解答欄

❶
① ______
______
② ______
______

❷
① ______
② ______
③ ______

POINT

❶ [助動詞could]

①「～することができた」→〈could＋動詞の原形〉

・He could drink the water. 〔彼は水を飲むことができました。〕
動詞の前にcouldを置く

②「～することができなかった」→〈主語＋could not＋動詞の原形 ～.〉

・He could not drink the water. 〔彼は水を飲むことができませんでした。〕
動詞の前にcould notを置く

❷ [一般動詞の過去形]

①規則動詞→〈短母音＋子音字〉で終わる動詞は，最後の文字を重ねてedをつける。

・He dropped those stones into the pitcher one by one.
最後の文字(p)を重ねてedをつける
〔彼はそれらの石を1つずつ水差しの中へ落としました。〕

②不規則動詞→それぞれの過去形にする。

・He found water inside it. 〔彼はその中に水を見つけました。〕
findの過去形

・The water level rose because of the stones. 〔石のために水位が上がりました。〕
riseの過去形

Step 2 予想問題

Let's Read ①②
The Crow and the Pitcher / River Crossing Puzzle

10分

❶ ①～⑥は単語の意味を書き，⑦～⑫は日本語を英語にしなさい。

- □① farmer (　　　　)　□② idea (　　　　)
- □③ water (　　　　)　□④ crow (　　　　)
- □⑤ wolf (　　　　)　□⑥ goat (　　　　)
- □⑦ 方法 ＿＿＿＿　□⑧ 考える ＿＿＿＿
- □⑨ 質問，問題 ＿＿＿＿　□⑩ 答え ＿＿＿＿
- □⑪ ～を運ぶ ＿＿＿＿　□⑫ 起こる ＿＿＿＿

❷ 次の各組の下線部の発音が同じなら○，異なれば×を書きなさい。

- □① water / boat (　　)
- □② behind / inside (　　)

❸ 次の英文の(　)に入れるのに最も適切な語を㋐～㋓からそれぞれ1つ選び，○で囲みなさい。

□① Can I have some water? I'm very (　　).
㋐ crowded　㋑ large　㋒ thirsty　㋓ short

□② We crossed the (　　) in a boat.
㋐ river　㋑ beak　㋒ way　㋓ goat

❹ 次の日本語に合う英文になるように，＿＿に適切な語を書きなさい。

□① アヤは一度に2枚のクッキーを口に入れました。
Aya put two cookies at ＿＿＿＿ ＿＿＿＿ into her mouth.

□② 私は私のイヌをあとに残していきたくありませんでした。
I didn't want to ＿＿＿＿ my dog ＿＿＿＿.

□③ 私は多くの方法を試しました。
I tried ＿＿＿＿ ＿＿＿＿.

□④ グラスには少ししか水が入っていませんでした。
The glass had ＿＿＿＿ ＿＿＿＿ in it.

ヒント

❶
④～⑥は動物の名前。

❷日本語の発音に惑わされないように注意。

❸
①水がほしいときはどんなときかを考える。

❹
②「後ろに，あとに」という意味のbehindを使う。

教科書 pp.118-121

Step 3 予想テスト Let's Read ①②
The Crow and the Pitcher / River Crossing Puzzle

30分　　/100点　目標 80点

❶ 次の日本語に合う英文になるように，____に適切な語を書きなさい。 知　15点（各完答5点）

❶ マックスは石を1つずつ拾い上げました。
Max picked up the stones ______ ______ ______.

❷ 私は昨日，サッカーを練習することができませんでした。
I ______ ______ practice soccer yesterday.

❸ そのとき何が起こりましたか。
______ ______ then?

❷ 次の日本語に合う英文になるように，(　)内の語句を並べかえなさい。ただし，不要な語が1語含まれています。 知　14点（各7点）

❶ 私にはよい考えがあります。（ a / idea / an / good / have / I).

❷ 雨が水位を上げました。
The (it / the warer / level / raised / rain).

❸ 次の英文を読んで，あとの問いに答えなさい。 知 Aesop *The Crow and the Pitcher*より　24点

A thirsty crow found a pitcher. He found water inside ①it. He was very happy. ②But he could not drink the water. His beak did not reach it. ③The pitcher had very little water. "I can't drink this. I'm very thirsty."

❶ 下線部①が指すものを英語1語で書きなさい。　(6点)

❷ 下線部②の理由を日本語で説明しなさい。　(10点)

❸ 下線部③を日本語にしなさい。　(8点)

❹ 次の英文を読んで，あとの問いに答えなさい。 知　27点

A farmer wants to cross a river. He wants to take a wolf, a goat, and a cabbage with him.
His small boat can carry the farmer and ①(them / only / of / one) at a time.
He cannot leave the wolf and the goat behind. Wolves eat goats.
He cannot leave the goat and the cabbage behind. Goats eat cabbages.
How can the farmer take the wolf, the goat, and the cabbage (②) the river?

❶ 下線部①が正しい英文になるように，( )内の語を並べかえなさい。 (7点)

❷ ②の( )内に入る適切な語を1つ選んで書きなさい。 (5点)

㋐ behind　㋑ across　㋒ into　㋓ inside

❸ 下の㋐～㋒からいっしょにしてはいけない組み合わせを2つ選び，その理由をそれぞれ日本語で説明しなさい。 (完答15点)

㋐ オオカミとヤギ　㋑ ヤギとキャベツ　㋒ オオカミとキャベツ

❺ 下の❶，❷の指示にしたがって，英文を書きなさい。 表 20点(各10点)

❶ 相手に「私は以前，泳ぐことができませんでした。」と伝える。

❷ 相手に「どうやって私はその川を渡ることができますか。」とたずねる。

❶	❶			
	❷			
	❸			
❷	❶			.
	❷ The			.
❸	❶			
	❷			
	❸			
❹	❶			
	❷			
	❸			
	❸			
❺	❶			
	❷			

テスト前 ☑ やることチェック表

① まずはテストの目標をたてよう。頑張ったら達成できそうなちょっと上のレベルを目指そう。
② 次にやることを書こう（「ズバリ英語〇ページ，数学〇ページ」など）。
③ やり終えたら☐に✓を入れよう。
最初に完ぺきな計画をたてる必要はなく，まずは数日分の計画をつくって，
その後追加・修正していっても良いね。

目標

	日付	やること 1	やること 2
2週間前	／	☐	☐
	／	☐	☐
	／	☐	☐
	／	☐	☐
	／	☐	☐
	／	☐	☐
	／	☐	☐
1週間前	／	☐	☐
	／	☐	☐
	／	☐	☐
	／	☐	☐
	／	☐	☐
	／	☐	☐
	／	☐	☐
テスト期間	／	☐	☐
	／	☐	☐
	／	☐	☐
	／	☐	☐
	／	☐	☐

キリトリ線

QRコードのページに登録すると，「ぴたリンク」からも表をダウンロードできるよ

① まずはテストの目標をたてよう。頑張ったら達成できそうなちょっと上のレベルを目指そう。
② 次にやることを書こう（「ズバリ英語〇ページ，数学〇ページ」など）。
③ やり終えたら☐に✓を入れよう。
最初に完ぺきな計画をたてる必要はなく，まずは数日分の計画をつくって，
その後追加・修正していっても良いね。

目標

	日付	やること 1	やること 2
2週間前	／	☐	☐
	／	☐	☐
	／	☐	☐
	／	☐	☐
	／	☐	☐
	／	☐	☐
	／	☐	☐
1週間前	／	☐	☐
	／	☐	☐
	／	☐	☐
	／	☐	☐
	／	☐	☐
	／	☐	☐
	／	☐	☐
テスト期間	／	☐	☐
	／	☐	☐
	／	☐	☐
	／	☐	☐
	／	☐	☐

QRコードのページに登録すると，「ぴたリンク」からも表をダウンロードできるよ

啓林館版 英語1年 ブルースカイ | 定期テスト ズバリよくでる | 解答集

Let's Start

p.3 予想問題

❶ 1 A 2 E 3 K 4 P
5 R 6 W 7 b 8 e
9 h 10 o 11 u 12 y

❷ 1 野球 2 太陽 3 apple 4 lion
5 dog 6 cat

❸ 1 エ 2 カ 3 イ 4 ウ 5 ア 6 オ

考え方

❶ 英語のアルファベットには大文字と小文字がある。同じアルファベットでも，形がまったく違うものもあるので，一つ一つきちんと覚えよう。
・形が似ているもの
C—c，F—f，J—j，O—o，P—p，S—s
T—t，U—u，V—v，W—w，X—x，Z—z
・形がまったく違うもの
A—a，E—e，G—g，Q—q，R—r

❷ 2 sunとuを使うことに注意。
3 pを2つ重ねる。
4 rではなくlで始めることに注意。

❸ 1「郵便局」 書くときはfを２つ重ねることに注意。
2「駅」 station 下線部のつづりに注意。
3「公園」
4「花屋」 flower 下線部のつづりに注意。
5「病院」
6「レストラン」 restaurant 下線部のつづりに注意。

pp.4〜5 予想テスト

❶ 1 soccer 2 zoo 3 thirty 4 thousand

❷ 1 three 2 four 3 eight 4 nine
5 twelve 6 twenty 7 forty
8 hundred

❸ 1 January 2 February 3 April
4 August 5 September 6 December

❹ 1 ウ 2 イ 3 ア 4 エ

❺ 1 (例)Nakata Sora
2 (例)It's October second.
3 (例)I like tennis.

考え方

❶ 1「サッカー」 cを２つ重ねる。
2「動物園」 oを２つ重ねる。
3「30(の)」
4「1,000(の)」

❷ 3 ghは発音しない。
6，7 20, 30, 40, 50 …は語尾が-tyになる。forty「40」はfour「４」とのつづりの違いに注意。
8 hundredのuをaとしないように注意。

❸ 月を表す語はよく使うので，すべて書けるようにしておこう。
2 February 下線部のつづりに注意。
4 August 下線部のつづりに注意。
5，6 ９月〜12月は語尾にberがつく。berの前はnではなくmなので注意。

❹ 1「私の好きな思い出はキャンプです。」
2「私は科学部に入りたいです。」
3「私は数学が好きです。」
4「私は水泳が好きです。」

❺ 1 名字，名前は大文字で書き始める。〈姓＋名〉，〈名＋姓〉どちらで書いてもよい。
2 It's 〜「〜です」に続けて〈月＋日〉の順で書く。
3 I like 〜「私は〜が好きです」に続けてスポーツ名を書く。

Unit 1

p.7 予想問題

❶ 1 あなた(たち)は[が]　2 歌う　3 朝
4 みんな　5 swim　6 Japan
7 volleyball　8 player

❷ 1 ×　2 ○

❸ 1 good at　2 member of

❹ 1 You are　2 Are you

❺ 1 I'm not a movie fan.

考え方

❶ 3，4 つづりが難しいが，どちらもよく使われる単語なのでしっかり確認する。
6 国名を意味する語は大文字で始める。
8 語尾のerは「人」という意味を表す。

❷ 1「〜から(の)」，「いいえ」。 fromのoは[ʌ]，noのoは[ou]と発音する。
2「ダンスをする，踊る」，「ファン」。 danceとfanのaはどちらも[æ]と発音する。

❸ 1「〜が得意である」はbe good at 〜。
2「〜の一員(いちいん)」はa member of 〜。

❹ 1「私はメグミです。」→「あなたはメグミです。」 youのときの「〜です」を表す語はare。
2「あなたはバドミントンファンです。」→「あなたはバドミントンファンですか。」 「あなたは〜ですか」とたずねるときは，areをyouの前に出す。

❺ 1「私は〜ではありません」の文。amのあとにnotを置く。語数が5語なので，I am not→I'm　notとする。「映画」movieのつづりに注意。

pp.8〜9 予想テスト

❶ 1 sing　2 dance　3 swim

❷ 1 You're　2 Are you　3 I am

❸ 1 You are a music fan(.)
2 I'm good at math(.)
3 Are you a member of (the kendo club?)

❹ 1 I'm not
2 Are you a good player(?)
3 私はサッカーチームの一員(いちいん)です。
4 イ

❺ 1 (例)I am [I'm] Sato Ken.
2 (例)I am [I'm] from Nagoya.
3 (例)I am [I'm] good at rugby.

考え方

❶ 1「歌う」
2「ダンスをする，踊る」 最後のeを書き忘れないように注意。
3「泳ぐ」

❷ 1 空所の数より，you areの短縮形you'reを使う。
2「あなたは〜ですか」とたずねるときは，areをyouの前に出す。
3「はい」Yesで答えているので，I amを続ける。

❸ 1「音楽ファン」music fanの前に，「1人の」という意味のaを置くことに注意。
2「〜が得意である」はbe good at 〜。
3「あなたは〜ですか」Are you 〜のあとに，「〜の一員(いちいん)」a member of 〜を続ける。

❹ 1 Are you 〜?「あなたは〜ですか」と聞かれて，No「いいえ」で答えているので，I'm notを続ける。
2「あなたはよい選手ですか。」 good playerの前にaを置く。
3 a member of 〜で「〜の一員(いちいん)」という意味。
4 ア　ベル先生とソラの最初の発言参照。ベル先生に「あなたはラグビーファンですか。」と聞かれ，「いいえ」と答えている。
イ　ソラの最初の発言の「私はサッカーファンです。」に合う。
ウ　ベル先生はソラに「おや，あなたはサッカーファンですね。」と言っているが自分がサッカーファンなのかは言っていない。

❺ 1 I am [I'm]のあとに自分の名前を続ける。名前だけでも，姓名を書いてもよい。
2「私は〜出身です」はI am [I'm] from 〜.。
3「私は〜が得意です」はI am [I'm] good

at 〜.。

Unit 2〜Targetのまとめ①

p.11 予想問題

❶ 1 めがね 2 本当に
3 祖父，おじいさん 4 黒い 5 私の
6 かわいい 7 teacher 8 friend
9 white 10 sister
❷ 1 He 2 What's, It's
❸ 1 Is this 2 What is
❹ 1 She is my cousin(.)
2 What time is it (now?)

考え方

❶ 1 つづりとあわせて発音にも注意。
9 wで始まるつづりに注意。
❷ 1「彼は」はhe。
2 空所の数より，What is，It isの短縮形を入れる。
❸ 1「これはキツネです。」→「これはキツネですか。」「これは〜ですか」とたずねるときは，isをthisの前に出す。
2「それはキャベツです。」→「それは何ですか。」「〜は何ですか」とたずねるときは，whatを文の最初に置き，be動詞の疑問文の形を続ける。
❹ 1「彼女は〜です」の文は，She is 〜.の語順。
2 時刻をたずねるときは，what timeで文を始める。

pp.12〜13 予想テスト

❶ 1 to meet 2 Is that 3 it isn't
❷ 1 How are you(?)
2 She is a good dancer(.)
❸ 1 エ 2 ア
❹ 1 ウ 2 それはとてもすばらしいです。
3 イ
❺ 1 (例)This is Hiroshi.
2 (例)He's my father.
3 (例)He's good at baseball.

考え方

❶ 1 初めて会う人へのあいさつ。こう言われたら，Nice to meet you, too.「こちらこそはじめまして。」と答える。
2「それは〜ですか」とたずねるときは，isをthatの前に出す。「それ」をitとし、Is itとしてもよいが，itはふつう既出のものに対して使う。
3 thatはitに置きかえて答える。it isを略してit'sとしit's notとしてもよい。
❷ 1 相手の調子をたずねるあいさつ。
2「彼女は〜です」She is 〜のあとに，「上手なダンサー」a good dancerを続ける。
❸ 1「これは棒つきキャンディーですか。」「いいえ，違います。それはペンです。」 Noとitを使って答えているので，ものをたずねる文を選ぶ。
2「何時ですか。」「午前1時です。」 時刻を答えているので，What time 〜?と時刻をたずねる文を選ぶ。
❹ 1 直後のアオイの発言参照。「それは黒板消し用のクリーナーです。」と答えている。
2 coolは「すばらしい，かっこいい」という意味。
3 ア エミリーの最初の発言参照。たずねたのはエミリー。
イ アオイの2番目の発言に合う。
ウ エミリーの3番目の発言参照。「あれは何ですか。」とたずねているので，最初は何かわからなかった。
❺ 1「こちらは〜です」はThis is 〜.。
2「彼は〜です」はHe is [He's] 〜.，「彼女は〜です」はShe is 〜.。
3「〜が得意です」はbe good at 〜.。

Unit 3〜Targetのまとめ②

p.15 予想問題

❶ 1 食べ物 2 冬 3 いっしょに 4 とても
5 draw 6 drink 7 leave 8 wash
❷ 1 × 2 ○

❸ 1 How about　2 Call　3 go to
❹ Yes, I do. / No, I don't.
❺ 1 Do you play the guitar?
　2 Open the window.

考え方

❶ 2 summer「夏」もあわせて覚える。
　5 〜 8 具体的な動作や状態を表す動詞を一般動詞と呼ぶ。一般動詞はそれぞれ意味を持っているので，一つ一つ覚える。
❷ 1「〜が好きである」，「これ」。 likeのiは[ai]，thisのiは[i]と発音する。
　2「トマト」，「〜を作る」。 tomatoとmakeのaはどちらも[ei]と発音する。
❸ 1「〜はどうですか。」はHow about 〜?
　2「〜しなさい」，「〜してください」と指示・命令するときは，動詞で文を始める。「〜を(…と)呼ぶ」はcall。
　3「寝る」はgo to bed。
❹「あなたはミルクが好きですか。」「はい，好きです。」/「いいえ，好きではありません。」Do you 〜?とたずねる文には，doを使って答える。you「あなたは」で聞かれているので，答えるときは，I「私は」を使うことに注意。
❺ 1「私はギターをひきます。」→「あなたはギターをひきますか。」「あなたは〜しますか」とたずねるときは，doをyouの前に置く。
　2「あなたは窓を開けます。」→「窓を開けなさい。」 命令文は動詞で文を始める。

pp.16〜17　予想テスト

❶ 1 get up　2 leave home　3 after school
❷ 1 Do you have a pet(?)
　2 Badminton is a very popular sport (in Singapore.)
❸ 1 ウ　2 ア
❹ 1 **私は鶏肉がとても好きです。**
　2 Let's　3 ウ
❺ 1 (例)I like math.
　2 (例)Do you like English?
　3 (例)Don't play soccer.
　(例)Don't litter.
　4 (例)Let's eat lunch.
　(例)Let's play tennis.

考え方

❶ 1「起きる」はget up。
　2「家を出る」はleave home。
　3「放課後に」はafter school。afterは「〜のあとに」という意味。
❷ 1「あなたは〜しますか」の文は，Do you 〜?の語順。
　2「バドミントンは〜です」という文なので，Badminton is 〜の語順。very「とても」の位置に注意。
❸ 1 直前でソラが「あなたは日本食が好きですか。」とたずねている。Do you 〜?でたずねる文には，doを使って答えるので，ウ「はい，好きです。」が適切。
　2 チェンは「えー。私は納豆が好きではありません。」と答えているので，納豆についての話題を持ち出している，ア「納豆はどうですか。」が適切。
❹ 1 very muchは「とても」という意味。
　2「〜しましょう」はlet'sで文を始める。
　3 ア　チェンの最初の発言にあるが，下線部の発言の理由ではない。
　イ　ソラの最初の発言に鶏肉が出てくるが，下線部の発言の理由ではない。
　ウ　チェンは，ソラの2番目の発言「しかし私は料理が得意ではありません。」を受けて，「心配しないで。」と言っている。続けて「私はよい料理人です。」と言っていることから，ソラが心配する必要がない理由は，「チェンは料理が得意だから」とわかる。
❺ 1「私は〜が好きです」はI like 〜.。
　2「あなたは〜が好きですか」はDo you like 〜?。
　3「してはいけないこと」のどちらかから選ぶ。「〜してはいけません」はDon't 〜.「ごみを散らかす」はlitter。
　4「していいこと」のどちらかから選ぶ。

Unit 4〜Project 1

pp.19〜21 予想問題

❶ 1 **いす** 2 **ときどき** 3 **顔** 4 **コップ, グラス**
5 **行事, イベント, 出来事** 6 **ウシ, 雌牛**
7 bird 8 family 9 blue 10 red
11 people 12 favorite

❷ 1 × 2 ○

❸ 1 イ 2 エ 3 ア

❹ 1 years old 2 on Sunday
3 live in 4 upside down

❺ 1 another 2 any 3 some

❻ 1 I like these shirts.
2 Do you have any dictionaries?
3 How many pens do you have?
4 How much is this pencil?

❼ 1 (例)I like math.
2 I have a book (in my hand).
3 It's [It is] 700 yen.

❽ 1 **私は何もペットを飼っていません。**
2 **私は家族のために絵はがきが5枚ほしいです。**
3 **これは花の奇妙な絵です。**

❾ 1 I see four cows(.)
2 What sport do you play (after school?)
3 How many green peppers do you (need?)
4 (Books) are on the second floor(.)

❿ 1 These dishes are beautiful.
2 Do you see any dogs?
3 How many peaches do you want?
4 I have two pencils and an [one] eraser.

考え方

❶ 1 chair 下線部のつづりと発音に注意。
5 アクセントに注意。2つ目の母音を強く読む。
7 bird 下線部のつづりに注意。
11 people 下線部のつづりに注意。
12 つづりとあわせて発音にも注意。

❷ 1「いくつかの, いくらかの〜, 少しも, 1つも」,「動物」。 anyのaは[e], animalのaは[æ]と発音する。
2「番組」,「少しの間」。 programとmomentのoはどちらも[ou]と発音する。

❸ ①Aは①に続けて「私は帽子がほしいです。」と言っている。客が店員に話しかける表現のイ「すみません。」が適切。
②Bは②に続けて「この帽子はどうですか。」と提案しているので, 客のために帽子を探していたと考えられる。エ「少々お待ちください。」が適切。
③直後でBが「4,000円です。」と答えているので, 金額をたずねる表現のア「それはいくらですか。」が適切。
ウは「あなたはどうですか。」という意味。

❹ 1「〜歳」はyear(s) oldで表す。yearの語尾にsをつけて複数形にする。
2 曜日を表す場合は, 〈on＋曜日〉の形。
3「〜に住む」はlive in 〜。
4「さかさまに」はupside down。

❺ 1「絵の中にもう1匹の動物が見えます。」 空所の直後がanimalなので, 後ろに単数形の名詞が続くanother「もう1つの」が適切。
2「あなたはトマトがいくつか必要ですか。」疑問文で「いくつかの, いくらかの」という意味のanyが適切。
3「私はレモンがいくつかほしいです。」 空所の直後が複数形のlemonsで, ふつうの文(肯定文)なので, some「いくつかの, いくらかの」が適切。

❻ 1「私はこのシャツが好きです。」→「私はこれらのシャツが好きです。」 名詞を複数形にする。shirtは語尾にsをつける。
2「あなたは辞書を持っていますか。」→「あなたは辞書を何冊か持っていますか。」 anyに数えられる名詞が続く場合は, 名詞を複数形にする。dictionaryの複数形はyをiにかえてesをつける。
3「あなたはペンを6本持っています。」→「あなたはペンを何本持っていますか。」 数をたずねるときはhow manyで文を始める。how manyのあとは名詞の複数形を続ける。

4「このえんぴつは200円です。」→「このえんぴつはいくらですか。」 金額をたずねるときはhow muchで文を始める。

❼ 1「あなたは何の教科が好きですか。」「私は数学が好きです。」 Yes / Noではなく，何の教科かを答える。

2「あなたは手に何を持っていますか。」「私は(手に)本を持っています。」 絵では本を1冊持っているので，a bookとする。

3「キーホルダーはいくらですか。」「700円です。」 the key ringはitに置きかえる。

❽ 1 anyは否定文では「何も(〜ない)」という意味。

2 forは「〜のために」という意味。

3 a picture of 〜は「〜の絵」という意味。

❾ 1「ウシが４頭」なので，複数形のcowsを使う。cowが不要。

2「何の…」は〈What＋名詞〉の形。howが不要。

3「いくつの〜ですか」は〈How many＋複数形〜?〉の形。muchが不要。

4「〜階に」はon the 〜 floor。forが不要。

❿ 1「これらの皿」なので，dishを複数形にする。shで終わる名詞はesをつける。主語が複数名詞なので，be動詞はareを使うことに注意。

2「あなたは〜しますか」はDo you 〜?。「見える，見る」はsee。「何匹か(の)」はanyを使う。

3 数をたずねるときはhow manyで文を始める。how manyのあとには複数形の名詞が続くので，peachesとすることに注意。そのあとは一般動詞の疑問文の形。

4「私は〜を持っています」はI have 〜.。「えんぴつ」は2本なので，pencilsと複数形にする。「消しゴム」は１個なので形は変わらないが，母音で始まる語なので，anを置くことに注意。

pp.22〜23 予想テスト

❶ 1 Where is　2 belong to

3 How many birds

❷ 1 How much is this book(?)

2 Do you have any notebooks(?)

3 What color do you like(?)

❸ 1 **絵の中に何が見えますか。**　2 **イ**

❹ 1 Let me see　2 They

3 **ア×　イ○　ウ×**

❺ 1 **(例)**My birthday is March tenth.

2 **(例)**I'm thirteen years old.

3 **(例)**What school event do you like?

考え方

❶ 1「〜はどこですか」はWhere is 〜?。

2「〜に所属している」はbelong to 〜。

3 数をたずねるときは，〈How many＋名詞の複数形〉を使う。birdの複数形はsをつける。

❷ 1「〜はいくらですか」と金額をたずねるときは,How much is 〜?の語順。manyが不要。

2「あなたは〜しますか」という疑問文なので，Do you 〜?の語順。「何冊か(の)」はanyで表す。aが不要。

3「何の…を〜しますか」は〈What＋名詞〉で文を始める。What colorのあとは，一般動詞の疑問文の語順。isが不要。

❸ 1 whatは「何」とたずねる疑問詞。see 〜 in the picture「絵の中に〜が見える」の「〜」を，whatでたずねている。

2 ア　ソラの最初の発言とエミリーの2番目の発言参照。ソラが「私は馬が(１頭)見えます。」と言い，それに対して，エミリーは「はい」と言っている。

イ　エミリーの2番目の発言「しかし，私はもう1つの動物も見えます」に合う。

ウ　ソラの2番目の発言参照。「何の動物が見えますか。」とたずねている。

❹ 1 答えがすぐに出てこないときなどに使うつなぎの言葉。

2 下線部はthese key ringsで複数形の名詞。(　)を含む文は「それらは美しいです」という意味になるので，Theyが適切。

3 ア　アオイの最初の発言参照。「あなたは絵はがきを何枚ほしいですか。」とたずねていて，自分がほしいと言っているのではない。
イ　チェンの2番目の発言2文目の「私は家族のために3枚ほしいです。」に合う。
ウ　アオイの2番目の発言2文目参照。「私はこれらのキーホルダーがほしいです。」と言っている。

❺ 1 「私の誕生日は〜です」はMy birthday is 〜.。月を表す語は，大文字で始める。
2 「私は〜歳です」はI'm 〜 year(s) old.。
3 「あなたは何の…を〜しますか」は，〈What＋名詞〉を文の最初に置き，一般動詞の疑問文の形do you 〜を続ける。

Unit 5〜Targetのまとめ⑤

pp.25〜27　予想問題

❶ 1 **おば**　2 **おじ**　3 **男性**
4 **私のもの**　5 **親切な**
6 **上手に，よく，うまく**　7 know
8 woman　9 girl　10 boy　11 funny
12 speak

❷ 1 **ア**　2 **イ**

❸ 1 **イ**　2 **ア**　3 **イ**

❹ 1 Whose pen　2 at school

❺ 1 mine　2 ours　3 Takako's

❻ 1 I don't know him.
2 Do you know us?
3 I study them on Sunday.

❼ 1 Yes, I can. / No, I can't [cannot].
2 Yes, they can.
3 It's [It is] Kenta's.
4 She's [She is] Ms. Tanaka. She's [She is] my math teacher.

❽ 1 **カナは速く走ることができますが，泳ぐことができません。**
2 **あなたはトランペットを演奏できますか。**
3 **写真のこれらの少女はだれですか。**

❾ 1 I can speak Chinese(.)
2 Can your sister swim (fast?)
3 Whose handkerchief is this(?)
4 Is this dictionary yours(?)

❿ 1 Can you play the drums?
2 Who's [Who is] this boy?
3 Is this your brother's violin?
4 Yes it is. It's [It is] his.

考え方

❶ 1 つづりとあわせて発音にも注意。2 とセットで覚える。
7 knowのkは発音しない。
11 funnyのuをaとしないように注意。

❷ 1 「クラスメート，同級生」。最初にアクセントがくる。
2 「中国語」。2つ目にアクセントがくる。Japanese「日本語」など，-eseとなる語はeseを強く読むと覚えておく。

❸ 1 「この男性はだれですか。」「彼はシンガポールに住む私の友だちです。」 どんな人物かについて説明しているので，「だれ」なのか聞いているとわかる。
2 「このかさはあなたのものですか。」「おや，はい，それは私のものです。」「はい，どうぞ。」「ありがとうございます。」 BはThanks.と言っているので，AがBにかさを渡したことがわかる。ものを渡すときに使う表現のアHere you are.が適切。
3 「あなたは柔道をすることができますか。」「はいできます。」 Can you 〜?の文には，canを使って答える。

❹ 1 「だれの〜」は〈whose＋名詞〉。
2 「学校で」はat school。schoolにaやtheをつけないことに注意。

❺ 1 「これは私のえんぴつです。」→「これは私のものです。」 「私のもの」はmine。
2 「これらのネコは私たちのネコです。」→「これらのネコは私たちのものです。」 「私たちのもの」はours。
3 「これはタカコのTシャツです。」→「これはタカコのものです。」 「(人名)のもの」は〈人名's〉の形にする。

❻ 目的語で使われる代名詞は「〜を[に]」の形。まとめて覚えておこう。

1「私はこの男性を知りません。」→「私は彼を知りません。」 this manは男性なので，him。he-his-him-his。

2「あなたはユキと私を知っていますか。」→「あなたは私たちを知っていますか。」 Yuki and meにはme「私を」が含まれているので，「私たち」と考えてus。we-our-us-ours。

3「私は日曜日に英語と数学を勉強します。」→「私は日曜日にそれらを勉強します。」 English and mathは複数のものなのでthem。they-their-them-theirs。

❼ 1「あなたはスケートをすることができますか。」「はい，できます。」／「いいえ，できません。」 Can you 〜?でたずねる文には，canを使って答える。

2「マキとナオミは上手に踊ることができますか。」「はい，できます。」 絵から2人は上手に踊れるとわかる。Maki and Naomiは3人称複数なので，they「彼女らは」で答える。

3「これはだれのノートですか。」「それはケンタのものです。」 英語では名詞をくり返して使うのを避けるので，notebookはit「それは」に置きかえて答える。Kentaは人名なので，〈人名's〉の形を使う。

4「この女性はだれですか。」「彼女はタナカ先生です。彼女は私の数学の先生です。」 this womanはshe「彼女は」に置きかえて答える。

❽ 1 canは「〜できます」，can'tは「〜できません」。runは「走る」，swimは「泳ぐ」という意味。

2 Can you 〜?は「〜できますか」。

3 Who are 〜?は「〜はだれですか」。

❾ 1「〜できます」は〈can＋動詞〉の形。doが不要。

2「〜できますか」は〈Can＋主語　〜?〉の形。isが不要。

3「だれの〜」は〈whose＋名詞〉の形。whoが不要。〈whose＋名詞〉のあとはbe動詞の疑問文の語順。

4「〜ですか」は〈Is＋主語　〜?〉の形。「あなたのもの」はyours。youが不要。

❿ 1「〜できますか」はCan you 〜?。「(楽器)を演奏する」は〈play the＋楽器名〉の形を使う。

2「〜はだれですか」は〈Who＋be動詞＋主語〜?〉の形。

3「あなたのお兄さんの」はyour brother'sと表す。

4「彼のもの」はhis。

pp.28〜29 予想テスト

❶ 1 Who's　2 her

3 Whose picture

❷ 1 Yoko can dance (very well.)

2 I can't run fast(.)

3 Can you play *shogi*(?)

❸ 1 **いっしょに音楽を演奏しましょう。**

2 **ア ○　イ ×　ウ ×**

❹ 1 my sister Lily

2 them

3 Yes, I do.

❺ 1 **(例)**Bruno can speak French.

2 **(例)**Bruno can't [cannot] cook.

考え方

❶ 1 this manは単数なので，be動詞はis。空所の数より，短縮形Who'sを使う。

2 空所部分はknow「〜知っている」の目的語。「彼女を[に]」はher。

3「だれの〜」は〈whose＋名詞〉。「写真」はpicture。

❷ 1「〜できます」は〈主語＋can＋動詞〉の形。doesが不要。

2「〜できません」は〈can't[cannot]＋動詞〉の形。don'tが不要。

3「あなたは〜できますか」は〈Can you＋一般動詞 〜?〉の形。areが不要。

❸ 1 let's 〜は「〜しましょう」という意味。

2 ア　アオイの最初の発言2文目「あなたはそれ(＝ギター)をひくことができますか。」に対するエミリーの答え「はい，できます。」に合う。
イ　エミリーの最初の発言参照。「あなたはどうですか、アオイ。」と言っていて，サックスについてはたずねていない。
ウ　アオイの2番目の発言参照。「私はギターをひくことはできませんが，サックスを演奏することができます。」と言っている。

❹ 1 herは「彼女を[に]」という意味。直前の文にmy sister Lilyとあるので，彼女を指しているとわかる。
2 下線部はlike「〜が好きである」の目的語。them「それらを[に]」とするのが適切。
3 アオイの最初の発言2文目参照。「私はときどき彼女を学校で見ます。」と言っている。

❺ 1 〈can＋動詞〉の形で表す。「絵をかく」はdraw pictures。
2 〈can't [cannot]＋動詞〉の形で表す。「歌う」はsing。

Unit 6〜Targetのまとめ⑥

pp.31〜33　**予想問題**

❶ 1 **働く，取り組む**　2 **〜を育てる，栽培する**
3 **〜を読む**　4 **〜を手伝う，助ける**　5 **歩く**
6 **住む**　7 beef　8 early　9 there
10 garbage　11 vegetable　12 usually

❷ 1 ○　2 ○

❸ 1 ウ　2 イ　3 ア

❹ 1 on weekends
2 Can you　3 Sure

❺ 1 plays　2 leaves　3 teaches
4 reads　5 goes

❻ 1 Yes, she does.
2 No, she doesn't [does not].
3 He plays soccer.

❼ 1 She studies Japanese.
2 Does Ms. Suzuki play the piano?
3 Taro doesn't [does not] like science.

❽ 1 **私はいつかブラジルに行きたいです。**
2 **私の兄[弟]はごみを(外に)出します。**
3 **私の父は駅へ歩いて行きます。**

❾ 1 Max doesn't eat beef(.)
2 Does your sister play the clarinet(?)

❿ 1 Does Maki study English on Saturday?
2 No, she doesn't.
3 My uncle doesn't cook.
4 Can you cut the vegetable(s)?

考え方

❶ 1，5 つづりと発音を間違えないように注意。
10 garbage　下線部のつづりに注意。
12 lを2つ重ねる。

❷ 1「ほかの」，「〜を切る」。otherのoとcutのuは，どちらも[ʌ]と発音する。
2「いそがしい」，「住む」。busyのuとliveのiは，どちらも[i]と発音する。

❸ 1「あなたの好きなフルーツは何ですか。」「私はサクランボが好きです。」「好きな〜」と聞かれて，「サクランボ」と答えているのでウfruit「フルーツ」が適切。
2「彼のおじいさんは果樹園でリンゴを育てています。」「リンゴ」を育てる場所は，イorchard「果樹園」が適切。
3「あなたはひとりでピアノをひきますか。」「いいえ，ひきません。私は兄といっしょにひきます。」「いいえ，…兄といっしょに」と答えているので，アalone「ひとりで」が適切。

❹ 1「週末に」はon weekends。
2「〜してくれますか」と依頼するときはCan you 〜?。
3「もちろんです。」はSure.。相手の依頼に応じる表現。

❺ 1「エミは毎日野球をします。」Emiは3人称単数なので，動詞にsをつける。
2「エミの弟は毎日朝8時に家を出ます。」Emi's brotherも3人称単数なので，動詞にsをつける。「家を出る」はleave home。
3「エミのお母さんは学校で数学を教えます。」Emi's motherも3人称単数。「〜を教える」teachにesをつける。
4「エミのお父さんは夕食のあと本を読みます。」Emi's fatherも3人称単数。「〜を読む」はread。

5 「エミは日曜日にお母さんと買い物に行きます。」 goにesをつける。

❻ 1 「アヤはバレーボールをしますか。」「はい，します。」 doesでたずねる文には，doesを使って答える。

2 「ナオミは3時にフルートを演奏しますか。」「いいえ，演奏しません。」 Noで答える場合は，doesn't [does not]を使う。

3 「ユウタは何のスポーツをしますか。」「彼はサッカーをします。」 what「何の」と聞かれているので，具体的に答える。

❼ 1 「私は日本語を勉強します。」→「彼女は日本語を勉強します。」 主語が3人称単数になるので，studyのyをiにかえてesをつける。

2 「あなたはピアノをひきますか。」→「スズキさんはピアノをひきますか。」 Ms. Suzukiは3人称単数なので，doをdoesにかえる。動詞はもとの形のまま(原形)であることに注意。

3 「私たちは科学が好きではありません。」→「タロウは科学が好きではありません。」 Taroは3人称単数なので，don'tをdoesn't [does not]にかえる。

❽ 1 want to 〜は「〜したい」という意味。

2 take out the garbageは「ごみを(外に)出す」。

3 walk to 〜は「〜へ歩いて行く」。

❾ 1 「〜しません」は〈doesn't＋動詞の原形〉の形。eatsが不要。

2 あなたのお姉さんyour sisterは3人称単数。「〜しますか」は〈Does＋主語＋動詞の原形〜?〉の形。doが不要。

❿ 1 主語が3人称単数の疑問文は，主語の前にdoesを置く。動詞は原形を使うことに注意。「土曜日に」は〈on＋曜日〉の形。

2 doesでたずねる文には，doesを使って答える。語数の指定より，does notの短縮形doesn'tを使う。

3 my uncle「私のおじ」は3人称単数。否定文なので，動詞は原形を使う。

4 「〜してくれますか」はCan you 〜?。「野菜を切る」はcut the vegetable(s)。

pp.34〜35 予想テスト

❶ 1 every day 2 Can you 3 takes out

❷ 1 Does your brother wash the dishes(?)

2 I want to eat pizza(.)

3 Do you walk to school(?)

❸ 1 **彼は朝早く果樹園に行きます。**

2 **(おじいさんの)果樹園**

3 He grows cherries.

❹ 1 during 2 No, he doesn't.

3 **①働いている**

②(ソラの)おじとおば

❺ **(例)**Kenta gets up at six.

(例) Kenta leaves home at seven thirty.

(例) Kenta plays tennis after school.

(例) Kenta watches TV after dinner.

(例) Kenta goes to bed at ten.

考え方

❶ 1 「毎日」はevery day。

2 「〜してくれますか」はCan you 〜?。

3 「ごみを外に出す」はtake out the garbage。Yokoは3人称単数なので，takeにsをつける。

❷ 1 「〜しますか」は〈Does＋主語＋動詞の原形〜?〉の形。areが不要。「皿を洗う」はwash the dishes。

2 「〜したい」はwant to 〜で表す。amが不要。

3 「徒歩で学校に通う」は「学校へ歩いて行く」と考え，walk to schoolとする。forが不要。

❸ 1 early in the morningは「朝早くに」という意味。

2 thereは「そこに[で，へ]」という意味で，場所を示す。直前の文にhis orchardsとある。

3 「ソラのおじいさんは何を育てていますか。」4文目参照。

❹ 1 「〜の間中」はduring 〜。
2 直前のチェンの発言は「彼はひとりで働いていますか。」という意味。ソラは空所直後の文で「彼は私のおじとおばといっしょに働いています。」と言っているので，ひとりで働いていないとわかる。
3 ①チェンとソラの最初の発言参照。
②ソラの2番目の発言2，3文目参照。3文目のTheyはソラのおじいさんとおじ，おばを指している。

❺ Kentaは3人称単数なので，動詞に(e)sをつける。「起きる」はget up，「家を出る」はleave home，「寝る」はgo to bedを使う。「〜のあとに」はafterを使う。

Unit 7〜Targetのまとめ⑦

pp.37〜39 予想問題

❶ 1 **壁** 2 **無料の，ただの** 3 **年** 4 **そのとき**
5 library 6 near 7 vacation 8 sleep

❷ 1 ア 2 イ

❸ 1 ア 2 ア 3 ウ

❹ 1 picks up 2 take, to
3 before breakfast

❺ 1 on 2 in 3 under 4 by

❻ 1 How do you eat sushi?
2 When does Taro take a bath?
3 Where does your cat usually sleep?

❼ 1 It's on your right.
2 Turn left at the hotel.

❽ 1 **夏休みは7月に始まります。**
2 **私はバッグを机の下に置きます。**
3 **労働者の日は9月の第1月曜日です。**
4 **ケンタは自転車で学校に行きます。**

❾ 1 When does Saki do her homework(?)
2 Where is your locker(?)
3 How does Yuta eat spaghetti(?)
4 He eats it with a fork(.)

❿ 1 When do you play soccer?
2 I play it on Sunday.
3 How do you come to school?

考え方

❶ 1 lを2つ重ねる。
2 rをlとしないように注意。
3 year 書くときは下線部のつづりに注意。month「月」もあわせて覚える。
5 library lとrを間違えないように注意。

❷ 1 「朝食」。1つめの母音を最も強く読む。
2 「コンピューター」。2つめの母音を最も強く読む。日本語読みとの違いに注意。

❸ 1 「あなたはどこにペンを置いていますか。」「私は机の中に置いています。」 in my deskと場所を答えているので，「どこに」と聞いているとわかる。whereで始まるアが適切。
2 「あなたの誕生日はいつですか。」「5月16日です。」 「いつ」と聞いているので，日付を答えているアが適切。
3 「トムはどのようにして学校に通っていますか。」「彼は電車で学校に通っています。」 by trainと方法を答えているので，「どのように」と聞いているとわかる。howで始まるウが適切。

❹ 1 「〜を拾い上げる」はpick up。The busは3人称単数なので，pickにsをつける。このように文脈によって「〜を車に乗せる」という意味にもなる。
2 「〜を…に連れていく」はtake 〜 to …。
3 「〜の前に」はbefore。

❺ 1 「かぎはソファの上にあります。」 「〜(の上)に」はon。
2 「本はバッグの中にあります。」 「〜(の中)に[で]」はin。
3 「ネコはテーブルの下にいます。」 「〜の下に」はunder。
4 「テーブルは窓のそばにあります。」 「〜のそばに」はby。

❻ 1 「私はすしを指を使って食べます。」→「あなたはすしをどのようにして食べますか。」 「どのように」と方法をたずねるので，howで文を始める。howのあとはdoの疑問文の形を続ける。

2「タロウは夕食のあと入浴します。」→「タロウはいつ入浴しますか。」「いつ」と時をたずねるので，whenで文を始める。Taroは3人称単数なので，doesの疑問文にする。

3「私のネコはふつうソファの上で寝ます。」→「あなたのネコはふつうどこで寝ますか。」「どこで」と場所をたずねるので，whereで文を始める。

❼ 1「銀行はどこですか。」「この通りをまっすぐに行ってください。右側にあります。」「右側に」はon your right。

2「すみません。郵便局はどこですか。」「この通りをまっすぐに行って。ホテルのところで左に曲がってください。そしてまっすぐ行ってください。左側にあります。」「〜で左に曲がる」はturn left at 〜で表す。

❽ 1 beginは「始まる」，Julyは「7月」。

2 underは「〜の下に」。

3 the first Monday of Septemberは「9月の最初の（＝第1）月曜日」。

4 by bikeは「自転車で」。

❾ 1「いつ〜しますか」はwhenで文を始める。Sakiは3人称単数なので，does Saki 〜とする。「宿題をする」はdo one's homework。whatが不要。

2「〜はどこですか」はWhere is 〜?。doが不要。

3「どのように〜」はhowで文を始める。howのあとは，一般動詞の疑問文の語順。動詞は原形を使うので，eatsが不要。

4「フォークを使って」はwith a fork。inが不要。

❿ 1「あなたはいつ〜しますか」は，When do you 〜?。「（スポーツ）をする」はplay。

2 答えるときは，soccerをitに置きかえる。曜日は〈on＋曜日〉の形で表す。

3「あなたはどのように〜」はHow do you 〜?で表す。「学校に来る」はcome to school。

pp.40〜41 予想テスト

❶ 1 brushes, teeth　2 takes, bath

3 on, right

❷ 1 My father takes my brother to school (every morning.)

2 Where do you practice the violin(?)

3 A picture is on the wall(.)

4 When does the summer vacation begin (in Japan?)

❸ 1 イ　2 ウ

❹ 1 **生徒はふつう家へ教科書を持ってきません。**

2 **①教科書を置いている**

②ロッカー

❺ (例)When do you play [practice] the flute? / When do you study Japanese?

(例)Where do you play [practice] the flute? / Where do you study Japanese?

考え方

❶ 1「（彼の）歯をみがく」はbrush his teeth。

2「入浴する」はtake a bath。Aiは3人称単数なので，takeにsをつける。

3「右側に」はon your right。

❷ 1「〜を…に連れていく」はtake 〜 to …と表す。upが不要。

2「あなたはどこで〜しますか」はWhere do you 〜?。areが不要。

3「壁に」はon the wall。byが不要。

4「いつ〜しますか」はwhenのあとに一般動詞の疑問文の語順を続ける。isが不要。

❸ 1「労働者の日はいつですか。」「9月の第1月曜日です。」the first Monday of Septemberと時を答えているので，「いつ」と聞かれているとわかる。whenで始まるイが適切。

2「アメリカの生徒はどのようにして学校に通っていますか。」「多くの生徒はバスで学校に通っています。」「どのように」と聞いているので，by busと方法を答えているウが適切。

❹ 1 bring 〜 homeは「〜を家へ持ってくる」。

2 ①ソラの最初の発言とエミリーの2番目の発言参照。
②エミリーの3番目の発言参照。

❺ ライアン：私はニュージーランド出身です。私は音楽が好きです。私はフルートを演奏します。私は日本語を勉強します。
1 「あなたはいつ〜しますか」はWhen do you 〜?を使う。ライアンはI play the flute. I study Japanese.と言っているので，このどちらかについてたずねるとよい。
2 「あなたはどこで〜しますか」はWhere do you 〜?を使う。

Unit 8〜Project 2

pp.43〜45 予想問題

❶ 1 **店員** 2 **熱心に，一生けんめいに** 3 **週**
4 **スープ** 5 **〜を訪れる，〜に行く**
6 **〜を選ぶ**
7 thick 8 thin 9 long
10 short 11 often 12 use

❷ 1 × 2 ×

❸ 1 エ 2 イ 3 イ

❹ 1 Why do 2 Because she's
3 Which, or

❺ 1 wasn't, is 2 Were, weren't 3 was

❻ 1 The TV program was funny before.
2 You were busy last week.
3 My father wasn't [was not] at home last Saturday.
4 Was Ken a rugby fan before?

❼ 1 Yes, I was. / No, I wasn't.
2 I want a cat [dog].
3 Because it's exciting.

❽ 1 **私は父のためにシャツがほしいです。**
2 **あなたは，お茶とコーヒーのどちらがほしいですか。**
3 **近ごろは寒いです。**

❾ 1 My mother has a lot of (scarves.)
2 Takeshi listens to music (every day.)
3 What kind of fruit do you (grow?)
4 What do you do in your free (time?)

❿ 1 Bananas weren't [were not] cheap before.
2 Why do you recommend that manga?
3 Because it's [it is] funny.

考え方

❶ 4 soup 下線部のつづりに注意。
7 と 8，9 と 10 はセットで覚える。
11 頻度を表す副詞。sometimes「ときどき」，usually「ふつうは，いつもは」とセットで覚える。

❷ 1 「たった〜，〜だけ，〜しか」，「コンテスト」。onlyのoは[ou]，contestのoは[a]と発音する。
2 「それでも（なお）」，「親切な」「種類」。stillのiは[i]，kindのiは[ai]と発音する。

❸ 1 「私は海で泳ぎたいです。」「〜で泳ぐ」の「〜」に適切なのは，エsea「海」。
2 「このシャツは10,000円でした。」「おや，高いですね。」 値段を聞いての反応なので，イexpensive「(値段が)高い」が適切。
3 「今日は寒いです。」「手袋が必要ですか。」手袋が必要なのはどんなときか考える。イcold「寒い」が適切。

❹ 1 「なぜ」はwhy。
2 Why 〜?の文に，「〜だからです」と答えるときは，becauseを使う。
3 「あなたはAとBのどちらが〜ですか」は，Which do you 〜, A or B?の形。

❺ 1 「ヒロは以前，体育が得意ではありませんでしたが，今は得意です。」 文の後半にnow「今」があるので，2つ目の空所は現在形のisが適切。「今は得意」ということは，以前は得意でなかったとわかるので，前半の空所は，was notの短縮形wasn'tが適切。
2 「あなたとカナは昨年サッカー部の部員でしたか。」「いいえ，違いました。」 you and Kanaは複数なので，最初の空所はareの過去形wereが適切。2つ目の空所は，were notの短縮形weren'tが適切。
3 「私は以前野球ファンでしたが，今はラグビーが好きです。」 isの過去形wasが適切。

❻ 1 「そのテレビ番組はおもしろいです。」→「そのテレビ番組は以前おもしろかったです。」 過去の文にする。isの過去形はwas。

2 「あなたは毎日いそがしいです。」→「あなたは先週いそがしかったです。」 過去の文にする。areの過去形はwere。

3 「私の父は家にいません。」→「私の父は先週の土曜日，家にいませんでした。」 過去の否定文にする。isn't をwasn't [was not]にかえる。

4 「ケンはラグビーファンですか。」→「ケンは以前ラグビーファンでしたか。」 過去の疑問文にする。

❼ 1 「あなたは先週の日曜日に家にいましたか。」「はい，いました。」/「いいえ，いませんでした。」 Were you 〜?とたずねられているので，Yes, I was. / No, I wasn't. と答える。

2 「あなたはネコとイヌ，どちらを飼いたいですか。」「私はネコ[イヌ]が飼いたいです。」 whichは「どちら」という意味なので，どちらかを答える。

3 「なぜマヤはその映画が好きなのですか。」「わくわくさせるからです。」 Why 〜?の文に「〜だからです」と答えるときは，becauseで文を始める。the movieをitに置きかえ，フキダシにあるexcitingを使って答えればよい。

❽ 1 I'd like 〜. はI want 〜. の丁寧な言い方で，「〜がほしい」という意味。

2 Which do you 〜, A or B?は「あなたはAとBのどちらが〜ですか」。

3 these daysは「近ごろは」。

❾ 1 「たくさんの〜」はa lot of 〜。manyが不要。

2 「〜を聞く」はlisten to 〜。forが不要。

3 「どんな種類の〜ですか」はWhat kind of 〜?の語順。howが不要。What kind of 〜のあとは，一般動詞の疑問文の形を続ける。

4 「何をしますか」の文なので，what「何」を使って，What do you do 〜?とする。「自由な時間に」はin your free time。whenが不要。

❿ 1 bananasは複数なので，be動詞はwereを使う。「安い」はcheap。

2 「なぜ」とあるので，whyで文を始める。whyのあとは，一般動詞の疑問文の形。

3 「〜だからです」はbecauseで文を始める。that mangaはitに置きかえて答える。

pp.46〜47 予想テスト

❶ 1 a lot of 2 study abroad

3 Can I have

❷ 1 What time do you usually get (up?)

2 Which do you want, cola (or coffee?)

3 What kind of salad do you like(?)

❸ 1 イ 2 イ

❹ 1 **リラックスできるからです。**

2 ㋐ **小さい[狭い]スペース** ㋑ **多くの電力**

❺ 1 **(例)** Ai was a member of the basketball team last year.

(例) Ai was a soccer fan before.

2 **(例)** Ai wasn't [was not] good at English before.

(例) Ai's hair wasn't [was not] long last year.

3 **(例)** Ai listens to music in her free time.

(例) Ai has a lot of books.

考え方

❶ 1 「たくさんの〜」はa lot of 〜。

2 「留学する」はstudy abroad。want toのあとは動詞の原形がくるので，主語が3人称単数でもstudiesとしないように注意。

3 「〜をもらえますか」はCan I have 〜?。飲食店で注文するときの表現。

❷ 1 「あなたは何時に〜しますか」はWhat time do you 〜?の語順。whenが不要。

2 「どちらが〜ですか」は，whichで文を始めて，一般動詞の疑問文の形を続ける。isが不要。

3 「どんな種類の～ですか。」はWhat king of ～?。howが不要。

❸ 1 「あなたは，ファンヒーターとこたつのどちらをすすめますか。」「私はこたつをすすめます。」「こたつをすすめる」と言っているので，「どちらをすすめるか」をたずねているイが適切。

2 「あなたは英語を話しますか。」「はい。何かご用でしょうか。」「私はこたつがほしいです。」 客に話しかけられたときの店員の言葉として適切なのはイ。

❹ 1 becauseは「～だからです」。can「～できる」を訳し忘れないように注意。

2 アオイの3番目の発言「それ(＝こたつ)は小さいスペースを暖め，多くの電力を使わないからです。」参照。itは，直前のベル先生の発言の*kotatsu*を指している。

❺ 1 「～でした」なので，Ai was ～.の形で表す。「去年，バスケットボール部の部員だった。」，「以前，サッカーのファンだった。」とあるので，このどちらかについて書く。「～の一員(いちいん)」はa member of ～。

2 「～ではありませんでした」なので，Ai wasn't [was not] ～.の形で表す。「～が得意である」はgood at ～，「長い」はlong。

3 「～します」なので，一般動詞の文で表す。「自由な時間に」はin one's free time。

Unit 9～Targetのまとめ⑨

pp.49～51 予想問題

❶ 1 **シャープペンシル** 2 **～を買う** 3 **～に乗る** 4 **大きい** 5 **雪** 6 **世紀** 7 happy 8 present 9 towel 10 museum 11 worker 12 seafood

❷ 1 ウ 2 イ

❸ 1 ア 2 エ 3 イ

❹ 1 good time 2 years later 3 arrived at 4 What

❺ 1 cleaned 2 went 3 - 4 studied 5 ate 6 -

❻ 1 Ken made cake last Sunday.

2 Did you enjoy the parade yesterday?

3 My father didn't [did not] go to Hokkaido last year.

4 What time did you get up yesterday?

❼ 1 Yes, I did. / No, I didn't.

2 (例)He played baseball. After that, he watched TV.

❽ 1 **私は人気のあるカフェにも行きました。**

2 **私は午後に母といっしょに買い物に行きました。**

3 **私の兄[弟]は東京に住んでいるので，私はそこへ行きました。**

❾ 1 Did Maya do her homework (yesterday?)

2 What a cute mug(!)

3 Ken stayed home last (Sunday.)

❿ 1 I saw a movie last Saturday.

2 I got up at seven yesterday morning.

3 I bought flowers for my mother.

4 What did you do in Kyoto?

考え方

❶ 1 mechanical pencil 下線部のつづりに注意。

3 「(乗り物や馬)に乗る」という意味で広く使われる語。

4 largeはbig「大きい」とくらべて，客観的に大きいことを表す語。食べ物・服などが「大きい」サイズであることを示すときにも使われる。

10 museum 下線部のつづりに注意。

11 work「働く」＋-er「人」→「作業員」の意味になる。

❷ 1 「午後」。3つ目の母音を最も強く読む。

2 「パレード」。2つ目の母音を最も強く読む。

❸ 1 「私たちは庭でたくさんの美しい花を見ました。」 花を見る場所はどこかを考える。ア garden「庭」が適切。

2 「そのカフェはおいしいパンケーキを出します。」 選択肢はすべて動詞。目的語がdelicious pancakes「おいしいパンケーキ」

なので，エserves「(飲食物)を出す」が適切。

3「これらの野菜を見てください。とても新鮮です。」 野菜について説明する語として適切なのは，イfresh「新鮮な」。

❹ 1「楽しく過ごす」はhave a good time。

2「〜年後に」はyear(s) later。yearは複数形yearsにする。

3「〜に到着する，着く」はarrive at 〜。

4 空所のあとにa cool T-shirtと〈a(n)＋形容詞＋名詞〉の形が続いている。「なんて〜！」の文にするには，whatを使う。

❺ 1「私たちは昨日，自分たちの部屋を掃除しました。」

2「ミホは先週の土曜日，学校に行きました。」

3「ナオコは昨日，お父さんを手伝いましたか。」

4「ユキはマイクを訪ねて，彼らは英語を勉強しました。」

5「私たちは先月そのレストランで夕食を食べました。」

6「私は先週の日曜日，サッカーを練習しませんでした。」

❻ 1「ケンは毎週土曜日にケーキを作ります。」→「ケンは先週の日曜日にケーキを作りました。」 過去の文にする。makeの過去形はmade。

2「あなたは昨日，そのパレードを楽しみましたか。」 doをdidにかえて，過去の疑問文にする。

3「私の父は昨年北海道に行きませんでした。」過去の否定文にするので，doesn'tをdidn't [did not]にかえる。動詞は原形のまま。

4「あなたは昨日，何時に起きましたか。」 過去の時刻をたずねる文にするので，doをdidにかえる。

❼ 1「あなたは昨日，本を読みましたか。」「はい，読みました。」/「いいえ，読みませんでした。」 Did you 〜?とたずねられているので，didを使って答える。

2「タロウは先週の土曜日に何をしましたか。」「彼は野球をしました。そのあと，テレビを見ました。」 What did 〜?とたずねられているので，一般動詞の過去形を使って答える。「野球をしたあと，テレビを見た」という流れなので，2つ目の文をAfter that「そのあと」で始める。

❽ 1 alsoは「〜もまた」という意味。訳すときは「〜にも行った」とするとよい。

2 in the afternoonは「午後に」。

3 soは「それで，だから」という意味。訳すときは「〜なので，…」とするとよい。

❾ 1 過去の疑問文なので，didを主語Mayaの前に置く。動詞は原形を使うので，「宿題をする」はdo one's homeworkとする。doesが不要。

2「なんて〜!」は，〈What＋a(n)＋形容詞＋名詞!〉の形。isが不要。

3「家にいた」はstayed home。「先週の〜曜日」は〈last＋曜日〉で表すので，onが不要。

❿ 1 see「見る」の過去形はsaw。「先週の土曜日」はlast Saturday。

2「起きる」はget up。getの過去形はgot。「昨日の朝」はyesterday morning。

3 buy「買う」の過去形はbought。「私の母のために」はfor my mother。

4「あなたは何を〜しましたか」はWhat did you 〜?の形。

pp.52〜53 予想テスト

❶ 1 cut down 2 took pictures

3 for dinner

❷ 1 What did you do (yesterday?)

2 (Ai) visited New York two years later(.)

3 What a beautiful handkerchief(!)

❸ 1 No, didn't

2 **私たちはあまり時間がありませんでした。**

❹ 1 ア at イ in

2 **そのあと，私たちは温泉を楽しみました。**

3 ①She [They] went to Kanazawa.

②They served Japanese tea and sweets.

❺ (例) Ichiro played soccer yesterday.
(例) Ichiro saw a movie yesterday. / Ichiro went to the movies yesterday.
(例) Ichiro ate sushi yesterday.
(例) Ichiro studied English yesterday.

考え方

❶ 1「〜を切り倒す」はcut down〜。
2「写真をとる」はtake a picture。takeの過去形はtook。空所の数より，「写真」は複数形picturesにする。
3「夕食のために」はfor dinner。このforは，「〜を求めて，〜のために」と目的を表す。
❷ 1「何を」とあるので，whatで文を始める。whatのあとは，過去の疑問文の語順。wereが不要。
2「2年後」は，two years later。thenが不要。
3「美しいハンカチ」はa beautiful handkerchief。〈a(n)＋形容詞＋名詞〉の形なので，「なんて〜!」の文にするにはwhatを使う。howが不要。
❸ 1 直前のソラの発言は「(金沢)21世紀美術館を訪れましたか。」という意味。エミリーは，空所に続く発言の2，3文で「私たちはあまり時間がありませんでした。しかし，私たちは金沢駅で買い物を楽しみました。」と言っているので，訪れていないとわかる。Did 〜?と聞かれているので，didを使って答える。
2 muchはnotといっしょに使うと「あまり〜ない」という意味になる。
❹ 1 アarrive at 〜で「〜に到着する，着く」。イin the eveningで「夕方に」。
2 過去の文であることに注意。after thatは「そのあと」という意味。
3 ①「エミリーは冬休みの間家族とどこに行きましたか。」「彼女[彼ら]は金沢に行きました。」 1文目参照。家族で行ったことがわかるので，答えの文の主語はtheyを使ってもよい。
②「ホテルのスタッフは何を提供しましたか。」「彼らは日本茶と和菓子を提供しました。」 4文目参照。
❺ 一般動詞の過去の文で表す。play，studyのような規則変化をする動詞と，see，eatのような不規則変化をする動詞があるので，それぞれの過去形に気をつける。

Unit 10〜Project 3

pp.55〜57 予想問題

❶ 1 **笑う** 2 **疲れた** 3 **悲しい**
4 **興奮した** 5 **興味深い** 6 **すばらしい**
7 culture 8 sell 9 famous
10 smile 11 country 12 house
❷ 1 ウ 2 イ
❸ 1 waiting for 2 over there 3 in, line
❹ 1 Aya is swimming now.
2 We're [We are] not cleaning this room.
3 What is Ryo doing now?
4 How often does Donna read manga?
❺ 1 is singing 2 are eating 3 is running
4 are drawing 5 are watching
❻ 1 (例) He's [He is] listening to music.
2 (例) They're [They are] playing the guitar.
3 (例) He got there by bike.
❼ 1 **私は午前中にサッカーの練習がありました。**
2 **私たちは昨日一日中テレビを見ました。**
3 **ある人たちは雑誌を読んでいます。ほかの人たちは宿題をしています。**
❽ 1 (That movie) is popular around the world(.)
2 (Anime is) a bridge between Japan and the world(.)
3 (My sister) is talking on the phone(.)
4 Can you help me with my homework(?)
❾ 1 What are you doing now?
2 I'm cleaning my room.
3 I'm interested in science.
4 I had a good day.

考え方

❶ 1 laugh　下線部のつづりと発音に注意。
9 famous　下線部のつづりに注意。
11 country　下線部のつづりに注意。
12 house　下線部のつづりに注意。建物としての「家」を指す。homeは人が暮らす場所としての「家，家庭」。

❷ 1「雑誌」　3つ目の母音を最も強く読む。
2「音楽家」　2つ目の母音を最も強く読む。

❸ 1「〜を待つ」はwait for 〜。「〜しています」なので，動詞をing形にする。
2「向こうに」はover there。
3「長い列になって」はin a long line。

❹ 1「アヤは日曜日に泳ぎます。」→「アヤは今，泳いでいます。」　現在進行形〈be動詞＋動詞のing形〉の形にかえる。swimはmを重ねてingをつける。
2「私たちはこの部屋を掃除しません。」→「私たちはこの部屋を掃除していません。」　現在進行形の否定文〈be動詞＋not＋動詞のing形〉の形にかえる。
3「リョウは今，写真をとっています。」→「リョウは今，何をしていますか。」「何をしているか」たずねるので，whatで文を始める。whatのあとは，現在進行形の疑問文の形〈be動詞＋主語＋動詞のing形 〜?〉。
4「ドナは毎日マンガを読みます。」→「ドナはどれくらいの頻度(ひんど)でマンガを読みますか。」「どれくらいの頻度(ひんど)で」と頻度(ひんど)をたずねるので，how oftenで文を始める。how oftenのあとは，一般動詞の疑問文の語順。

❺「〜しています」は現在進行形〈be動詞＋動詞のing形〉で表す。
1「メグは歌を歌っています。」　主語が3人称単数なので，be動詞はis。「歌う」はsing。
2「2人の少年がカレーを食べています。」　主語が複数なので，be動詞はare。
3「マイクは走っています。」　主語が3人称単数なので，be動詞はis。「走る」runのing形は，nを重ねてingをつける。
4「数人の少女が絵をかいています。」　主語は複数。「(絵など)をかく」はdraw。
5「私たちは今，テレビを見ています。」　主語がweのときのbe動詞はare。

❻ 1「サトウさんは何をしていますか」「彼は音楽を聞いています。」　現在進行形の文で答える。「音楽を聞く」はlisten to music。
2「サキとマヤは何をしていますか。」「彼女らはギターをひいています。」　現在進行形の文で答える。
3「トムはどのようにして駅に行きましたか。」「彼は自転車でそこに行きました。」　How did 〜?とたずねられているので，一般動詞の過去形を使って答える。getの過去形はgot。to the stationはthere「そこに[で，へ，の]」に置きかえる。

❼ 1 in the morningは「午前中に」。
2 all dayは「一日中」。
3 代名詞のotherは，「ほかの人[もの]」という意味。

❽ 1「世界中で」はaround the world。
2「AとBの間に」は，between A and Bの語順。
3「電話で」はon the phone。
4「〜の…を手伝う」はhelp　〜　with　…。helpのあとにはふつう，人がくる。

❾ 1「何を〜していますか」なので，whatで文を始め，現在進行形の疑問文の形を続ける。
2 現在進行形の文で答える。「部屋を掃除する」はclean one's room。
3「〜に興味がある」はbe interested in 〜。
4「楽しい一日を過ごす」はhave a good day。

pp.58〜59　予想テスト

❶ 1 How often　2 at night
3 looking for　4 For example

❷ 1 Did Ken take a shower this (morning?)
2 Are you waiting for (Ai?)
3 Some people are wearing kimonos(.)

❸ ①ア　②ウ

❹ 1 ①dancing　③laughing

2 see　3 They are wrestling.

❺ 1 **(例)**My sister is watching TV now.

2 **(例)**What are you doing (now)?

3 **(例)**I went shopping (in the afternoon).
(例)I played a video game (in the afternoon).

4 **(例)**I was tired.
(例) It was a lot of fun.

考え方

❶ 1「どれくらいの頻度(ひんど)で」と頻度をたずねるときは，how oftenで文を始める。

2「夜に」はat night。

3「～を探す」はlook for ～。「～しています」なので，動詞をing形にする。

4「たとえば，」はfor example,。

❷ 1「シャワーを浴びる」はtake a shower。

2「～していますか」は〈be動詞＋主語＋動詞のing形 ～?〉の形。「～を待つ」はwait for ～。

3「～の人もいる」はsome people are～と表す。

❸ ①ソラの空所の発言直後に，チェンは「国語の宿題を手伝ってくれますか。」と電話をかけた理由を切り出している。「どうしたの。」という意味のアWhat's up?が適切。
②相手の依頼に応じる表現ウOf course.「もちろん。」が適切。

❹ 1 ①空所の前にAre theyがあるので，現在進行形の文。動詞をing形にする。danceはeをとってingをつける。
③現在進行形の文。laughのing形はlaughing。

2「なるほど。」はI see.。

3 チェンの最初の発言と，アオイの2番目の発言参照。「ウサギと何匹かのカエルが見えます。彼らはダンスをしていますか。」とたずねるチェンに，アオイは「いいえ，違います。彼らは相撲(すもう)をとっています。」と答えている。the rabbit and frogsをtheyに置きかえて答える。

❺ 1 現在進行形を使って書く。be動詞は主語に合わせることに注意。

2「何を」とたずねるので，whatで文を始める。

3 一般動詞の過去の文で表す。

4「～でした」なので，過去の文にする。感想を言うときは，interesting「興味深い」，happy「うれしい」，surprised「驚いた」などの形容詞や，had a good time「楽しい時を過ごした」，It was a lot of fun.「とても楽しかった。」などの表現を使うとよい。

Let's Read①②

p.61　**予想問題**

❶ 1 **農夫**　2 **考え**　3 **水**
4 **カラス**　5 **オオカミ**　6 **ヤギ**
7 way　8 think　9 question
10 answer　11 carry　12 happen

❷ 1 ×　2 ○

❸ 1 **ウ**　2 **ア**

❹ 1 a time　2 leave, behind
3 many ways　4 little water

考え方

❶ 2 idea　下線部のつづりに注意。

6 goat　下線部のつづりに注意。

9，10 questionとanswerはセットで覚える。

12 pを2つ重ねる。

❷ 1「水」，「ボート」。waterのaは[ɔ:]，boatのoaは[ou]と発音する。

2「後ろに，あとに」，「～の中に」。behindとinsideのiは，どちらも[ai]と発音する。

❸ 1「水をもらえますか。とてものどがかわいています。」　水がほしいのはどんなときか考える。ウthirsty「のどがかわいた」が適切。

2「私たちはボートで川を渡りました。」　ボートで渡る場所として適切なのは，アriver「川」。

❹ 1「一度に」はat a time。

2「～をあとに残していく」はleave ～ behind。

3「多くの方法」はmany ways。

4「少しの～しか」はlittleを使って表す。

pp.62～63　予想テスト

❶ 1 one by one　2 could not
3 What happened

❷ 1 I have a good idea(.)
2 (The)rain raised the water level(.)

❸ 1 pitcher
2 **くちばしが水に届かなかったから。**
3 **水差しにはほんの少しの水しか入っていませんでした。**

❹ 1 only one of them
2 **イ**
3 **ア　オオカミがヤギを食べるから。**
イ　ヤギがキャベツを食べるから。

❺ 1 **(例)**I could not swim before.
2 **(例)**How can I cross the river?

考え方

❶ 1「1つずつ」はone by one。
2「～することができなかった」は〈could not ＋動詞の原形〉の形。
3「何」とあるので，whatで文を始める。「起こる」はhappen。過去に起こったことをたずねているので，過去形happenedにする。

❷ 1「考えがある」はhave an idea。「よい考え」とするにはideaの前にgoodを置いてa good idea。anがaとなることに注意。anが不要。
2「水位」はwater level。itが不要。

❸ 1 itは前に出てきた名詞を指す。
2 5文目参照。did not reach itのitは，前の文のwaterを指す。
3 very little waterで「ほんの少しの水」という意味。

❹ 1 one of ～で「～の1つ」という意味。only one of them「それらのうち1つだけ」
2 1，2文目に「農夫は川を渡りたいです。彼はオオカミ，ヤギそしてキャベツを彼といっしょ持っていきたいです。」とある。「～の向こう側へ」という意味のacrossを入れると，1，2文目の内容に合わせることができる。イが適切。
3 ア～ウから2つ選んで答える。
ア　4，5文目参照。leave ～ behindは「～をあとに残していく」という意味で。あとに残していけない理由を続く文で述べている。
イ　6，7文目参照。

❺ 1「～することができなかった」は〈could not ＋動詞の原形〉の形。
2「どのようにして」とたずねるので，howで文を始める。そのあとは，canの疑問文の形を続ける。「その川を渡る」はcross the river。

テスト前 ☑ やることチェック表

① まずはテストの目標をたてよう。頑張ったら達成できそうなちょっと上のレベルを目指そう。
② 次にやることを書こう（「ズバリ英語〇ページ，数学〇ページ」など）。
③ やり終えたら□に✓を入れよう。
最初に完ぺきな計画をたてる必要はなく，まずは数日分の計画をつくって，
その後追加・修正していっても良いね。

目標

	日付	やること1	やること2
2週間前	/	□	□
	/	□	□
	/	□	□
	/	□	□
	/	□	□
	/	□	□
	/	□	□
1週間前	/	□	□
	/	□	□
	/	□	□
	/	□	□
	/	□	□
	/	□	□
	/	□	□
テスト期間	/	□	□
	/	□	□
	/	□	□
	/	□	□
	/	□	□

QRコードのページに登録すると，「ぴたリンク」からも表をダウンロードできるよ

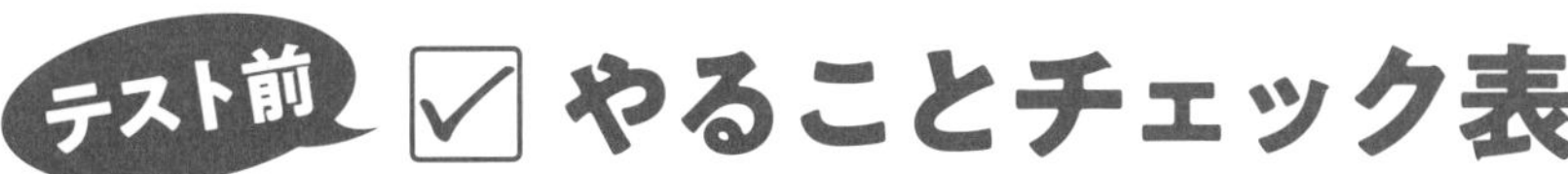

① まずはテストの目標をたてよう。頑張ったら達成できそうなちょっと上のレベルを目指そう。
② 次にやることを書こう（「ズバリ英語○ページ，数学○ページ」など）。
③ やり終えたら□に✓を入れよう。
最初に完ぺきな計画をたてる必要はなく，まずは数日分の計画をつくって，
その後追加・修正していっても良いね。

目標

	日付	やること１	やること２
2週間前	／	□	□
	／	□	□
	／	□	□
	／	□	□
	／	□	□
	／	□	□
	／	□	□
1週間前	／	□	□
	／	□	□
	／	□	□
	／	□	□
	／	□	□
	／	□	□
	／	□	□
テスト期間	／	□	□
	／	□	□
	／	□	□
	／	□	□
	／	□	□

QRコードのページに登録すると，「ぴたリンク」からも表をダウンロードできるよ

キリトリ線

チェック BOOK

- テストにズバリよくでる!
- 重要単語・重要文を掲載!

英語

啓林館版

1年

Let's Start ①～⑦

教 pp.8～21

✓重要語チェック 英単語を覚えましょう。

□数学	名math	□3(の)	名形three
□英語	名English	□4(の)	名形four
□日本語，国語	名Japanese	□5(の)	名形five
□芸術，美術	名art	□6(の)	名形six
□音楽	名music	□7(の)	名形seven
□科学，理科	名science	□8(の)	名形eight
□リンゴ	名apple	□9(の)	名形nine
□オレンジ	名orange	□10(の)	名形ten
□ネコ	名cat	□11(の)	名形eleven
□イヌ	名dog	□12(の)	名形twelve
□公園	名park	□13(の)	名形thirteen
□太陽	名sun	□14(の)	名形fourteen
□駅	名station	□15(の)	名形fifteen
□レストラン	名restaurant	□16(の)	名形sixteen
□病院	名hospital	□17(の)	名形seventeen
□テニス	名tennis	□18(の)	名形eighteen
□サッカー	名soccer	□19(の)	名形nineteen
□野球	名baseball	□20(の)	名形twenty
□バスケットボール	名basketball	□30(の)	名形thirty
□吹奏楽部	名brass band	□40(の)	名形forty
□0(の)	名形zero	□50(の)	名形fifty
□1(の)	名形one	□100(の)	名形hundred
□2(の)	名形two	□1,000(の)	名形thousand

✓重要文チェック 日本語を見て英文が言えるようになりましょう。

□あなたの誕生日はいつですか。	When's your birthday?
―― 3月1日です。	―― It's March first.
□私はテニスが好きです。	I like tennis.

Unit 1

教 pp.22〜25

重要語チェック 英単語を覚えましょう。

□私は[が]	代 I
□あなた(たち)は[が]	代 you
□みんな 〔呼びかけて〕みなさん	代 everyone
□はい，そうです	副 yes
□いいえ	副 no
□〜ではない	副 not
□朝	名 morning
□メンバー，一員	名 member
□よい	形 good
□やあ	間 hi
□日本	名 Japan
□中国	名 China
□ブラジル	名 Brazil
□ニュージーランド	名 New Zealand
□〜を演奏する	動 play
□泳ぐ	動 swim
□歌う	動 sing
□ダンス ダンスをする，踊る	名動 dance
□[出身・出所・起源] 〜から(の)	前 from
□[所属・所有]〜の	前 of
□選手	名 player
□ピアノ	名 piano
□映画	名 movie
□ファン	名 fan
□バレーボール	名 volleyball
□バドミントン	名 badminton

重要文チェック 日本語を見て英文が言えるようになりましょう。

□みなさん，おはようございます。	Good morning, everyone.
□私はモアナ・ベルです。	I am Moana Bell.
□あなたはソラです。	You are Sora.
□あなたはラグビーファンですか。	Are you a rugby fan?
──はい，そうです。	── Yes, I am.
／いいえ，そうではありません。	/ No, I am [I'm] not.
□私は東京出身です。	I am from Tokyo.
□私は泳ぐことが得意です。	I am good at swimming.
□私はサッカー部の部員です。	I'm a member of the soccer team.

Unit 2 ～Targetのまとめ①

教pp.28～35

✓重要語チェック 英単語を覚えましょう。

[Unit 2]

□これ，こちら	代this
□あれ，それ	代that
□それは[が]	代it
□えんぴつ	名pencil
□かわいい	形cute
□ノート	名notebook
□教室	名classroom
□先生	名teacher
□何	代what
□動物	名animal
□黒い	形black
□白(い)	名形white
□私の	代my
□友だち	名friend
□兄弟	名brother
□姉妹	名sister
□父	名father
□母	名mother

[Let's Talk 1]

□今	副now
□しかし	接but

✓重要文チェック 日本語を見て英文が言えるようになりましょう。

[Unit 2]

□これはノートです。	This is a notebook.
□それはペンですか。	Is that a pen?
――はい，そうです。	― Yes, it is.
／いいえ，ちがいます。	/ No, it is not.
□これは弁当箱ではありません。	This is not a lunch box.
□これは何ですか。	What is this?
――それは豆腐です。	― It's tofu.
□こちらはケントです。彼は私のいとこです。	This is Kento. He is my cousin.
□こちらはエミリーです。彼女は私の友だちです。	This is Emily. She is my friend.

[Let's Talk 1]

□今何時ですか。	What time is it?
□午前1時です。	It's 1:00 a.m.

Unit 3 ～Targetのまとめ②

教 pp.36～43

重要語チェック 英単語を覚えましょう。

[Unit 3]

□～が好きである 動like
□名前 名name
□スポーツ 名sport
□(～を)勉強する 動study
□～のあとに 前after
□～を食べる 動eat
□行く 動go
□～を去る，出発する 動leave
□夕食 名dinner
□食べ物 名food
□～を飼っている 動have
□～を飲む 動drink
□夏 名summer
□冬 名winter
□絵，写真 名picture
□～を作る 動make
□いっしょに 副together
□(～を)料理する 動cook
□走る 動run
□～を開ける 動open
□窓 名window
□手 名hand
□～を洗う 動wash

[Let' s Talk 2]

□おいしい 形delicious

重要文チェック 日本語を見て英文が言えるようになりましょう。

[Unit 3]

□私はバドミントンが好きです。 I like badminton.
□あなたは日本食が好きですか。 Do you like Japanese food?
――はい，好きです。 ― Yes, I do.
／いいえ，好きではありません。 / No, I do not [don't].
□私はテニスをしません。 I do not play tennis.
□私をタケと呼んでください。 Call me Take.
□あなたはどうですか。 How about you?
□この写真を見て。 Look at this picture.
□ここで泳がないで。 Don't swim here.
□ギターをひきましょう。 Let's play the guitar.

[Let' s Talk 2]

□私もです。 Me, too.

Unit 4 ～Project 1

教pp.44～55

☑重要語チェック 英単語を覚えましょう。

[Unit 4]

□～が見える，～を見る 動see
□ウマ 名horse
□顔 名face
□もう1つの，もう1人の 形another
□赤(い) 名形red
□青(い) 名形blue
□色 名color
□教科 名subject
□～といっしょに 前with
□注意深く 副carefully
□ときどき 副sometimes
□番組 名program
□行事，催し，出来事 名event
□奇妙な，不思議な 形strange
□下へ 副down
□ウシ，雌牛 名cow
□鳥 名bird
□人々 名people
□～がほしい 動want
□レモン 名lemon
□モモ 名peach
□いくつかの，いくらかの 形some
□多くの，たくさんの 形many
□①〔疑問文で〕いくつかの，いくらかの ②〔否定文で〕少しも，1つも 形any
□彼らは[が]，彼女らは[が]，それらは[が] 代they
□これらの 形these
□家族 名family
□みやげ 名souvenir
□美しい 形beautiful
□どうか，どうぞ 副please
□～を必要とする 動need
□テーブル 名table
□いす 名chair
□グラス 名glass
□スプーン 名spoon
□皿 名dish
□辞書 名dictionary
□ハンカチ 名handkerchief

[Let's Talk 3]

□～を許す 動excuse
□ドレス，婦人服 名dress
□少しの間 名moment
□すばらしい 形great
□シャツ 名shirt
□ちょっと 副just

[Let's Listen 1]

□階 名floor
□どこに[で] 副where
□ショッピング，買い物 名shopping

[Project 1]

□(いちばん)好きな 形favorite
□誕生日 名birthday

教 pp.44～55

☑重要文チェック 日本語を見て英文が言えるようになりましょう。

[Unit 4]

□あなたは手に何を持っていますか。	What do you have in your hand?
□あなたはどんな食べ物が好きですか。	What food do you like?
──私はピザが好きです。	── I like pizza.
□私はグラスが２個必要です。	I need two glasses.
□絵をさかさまに見てください。	Look at the picture upside down.
□あなたは辞書を何冊持っていますか。	How many dictionaries do you have?
──私は辞書を２冊持っています。	── I have two dictionaries.
□ええと。	Let me see.
□あなたは何かおみやげがほしいですか。	Do you want any souvenirs?
□わたしは本が何冊かほしいです。	I want some books.
□私はCDを１枚も持っていません。	I don't have any CDs.

[Let's Talk 3]

□すみません。	Excuse me.
□少々お待ちください。	Just a moment, please.
□いくらですか。	How much is it?
□3,000円です。	It's 3,000 yen.

[Project 1]

□ありがとう。	Thank you.
□私は東京に住んでいます。	I live in Tokyo.
□私は13歳です。	I'm thirteen years old.
□私は美術部に所属しています。	I'm in the art club.
□私はテニス部に所属しています。	I belong to the tennis team.

Unit 5 ～Targetのまとめ⑤

教pp.56～64

重要語チェック 英単語を覚えましょう。

[Unit 5]

□～することができる 助can
□上手に，よく，うまく 副well
□速く 副fast
□スキーをする 動ski
□スケートをする 動skate
□(～を)話す 動speak
□中国語 名Chinese
□フランス語 名French
□ドラム 名drum
□サックス 名sax
□トランペット 名trumpet
□〔男性の名前の前につけて〕～さん 名Mr.
□〔女性の名前の前につけて〕～さん 名Ms.
□だれ 代who
□女の子，少女 名girl
□男の子，少年 名boy
□おば 名aunt
□おじ 名uncle
□女性 名woman
□男性 名man
□おもしろい 形funny
□親切な 形kind
□チームメート 名teammate
□クラスメート，同級生 名classmate
□(～を)知っている 動know
□彼女を[に]，彼女の 代her
□彼を[に] 代him
□彼らを[に]，彼女らを[に]，それらを[に] 代them
□私たちの 代our

[Let's Talk 4]

□だれの 代whose
□私のもの 代mine
□たぶん，おそらく 副maybe

教 pp.56～64

重要文チェック 日本語を見て英文が言えるようになりましょう。

[Unit 5]

□私はギターをひくことができます。	I can play the guitar.
□あなたはギターをひくことができますか。	Can you play the guitar?
――はい，できます。	― Yes, I can.
／いいえ，できません。	/ No, I cannot [can't].
□私はギターをひくことができません。	I cannot play the guitar.
□彼らはじょうずに歌うことができます。	They can sing well.
□この男の子はだれですか。	Who is this boy?
□彼はタクです。	He is Taku.
□私は学校でテニスをします。	I play tennis at school.
□彼らはタロウとリョウです。私は彼らが好きです。	They are Taro and Ryo. I like them.
□こちらは私の姉です。彼女を知っていますか。	This is my sister. Do you know her?

[Let' s Talk 4]

□これはだれのペンですか。	Whose pen is this?
――私のものです。	― It's mine.
／ケンのものです。	/ It's Ken's.
□はい，どうぞ。	Here you are.
□ありがとう。	Thank you.

Unit 6 ～Targetのまとめ⑥

教pp.66～73

✓重要語チェック 英単語を覚えましょう。

[Unit 6]

□住む 動live
□～を育てる，栽培する 動grow
□早く 副early
□そこに[で，への] 副there
□サクランボ 名cherry
□〔特定の日時〕～に 前on
□～を教える 動teach
□ふつうは，いつもは 副usually
□週末 名weekend
□働く，取り組む 動work
□いそがしい 形busy
□毎～，～ごとに 形every
□ひとりで 副alone
□日 名day
□季節，時期 名season
□収穫 名harvest
□～の間中 前during
□歩く 動walk
□～の準備をする 動set
□～を持っていく，連れていく 動take
□外へ 副out
□ごみ 名garbage
□フルーツ 名fruit
□ほかの 形other
□～を手伝う，助ける 動help
□～を読む 動read
□卓球 名table tennis
□牛肉 名beef
□小説 名novel

[Let's Talk 5]

□～を切る 動cut
□野菜 名vegetable
□もちろん，承知しました 副sure

教 pp.66～73

重要文チェック 日本語を見て英文が言えるようになりましょう。

[Unit 6]

□ミキはテニスをします。	Miki plays tennis.
□ミキはテニスをしますか。	Does Miki play tennis?
──はい，します。	── Yes, she does.
／いいえ，しません。	/ No, she does not [doesn't].
□ミキは野球をしません。	Miki does not play baseball.
□私の母は数学を教えています。	My mother teaches math.
□アヤはヨウコといっしょに英語を勉強します。	Aya studies English with Yoko.
□私の祖父は毎日働きます。	My grandfather works every day.
□彼は朝早く畑に行きます。	He goes to his fields early in the morning.
□ケイタは日曜日にピアノをひきます。	Keita plays the piano on Sundays.
□あなたはいつもは週末に何をしますか。	What do you usually do on weekends?
□私は学校へ歩いて行きます。	I walk to school.
□ケンはごみを外へ出します。	Ken takes out the garbage.
□私は兄といっしょに買い物に行きます。	I go shopping with my brother.
□マキはいつもはテーブルをセットします。	Maki usually sets the table.
□私はリンゴを栽培したいです。	I want to grow apples.

[Let's Talk 5]

□手伝ってくれませんか。	Can you help me?
──もちろんです。	── Sure.
／いいですよ。	/ All right.

Unit 7 ～Targetのまとめ⑦

教pp.74～81

✓重要語チェック 英単語を覚えましょう。

[Unit 7]

□いつ 副when
□年 名year
□月 名month
□始まる 動begin
□休日，休み 名vacation
□〔時間が〕～まで 前until
□そのとき 副then
□(～を)練習する 動practice
□～を(ブラシで)みがく 動brush
□歯 名tooth
□歯(toothの複数形) 名teeth
□入浴 名bath
□朝食 名breakfast
□宿題 名homework
□生徒 名student
□ロッカー 名locker
□～を持ってくる 動bring
□～を見つける 動find
□～をしまっておく 動keep
□～のそばに，〔手段・方法〕～によって 前by
□～の下に 前under
□かぎ 名key
□ソファ 名sofa
□バッグ 名bag
□机 名desk
□壁 名wall
□カレンダー 名calendar
□コンピューター 名computer
□鏡 名mirror
□～を置く 動put
□眠る 動sleep
□来る 動come
□故郷の町［市，村］ 名hometown
□バス 名bus
□自転車 名bike
□～の近くに［で，の］ 前near
□無料の，ただの 形free
□雨の 形rainy
□指 名finger
□フォーク 名fork

[Let's Talk 6]

□図書館 名library
□通り，道路 名street
□まっすぐに 副straight
□左(へ) 名副left
□曲がる 動turn
□～を見逃す 動miss
□歓迎される 形welcome

教pp.74～81

重要文チェック 日本語を見て英文が言えるようになりましょう。

[Unit 7]

□あなたはいつギターをひきますか。	When do you play the guitar?
――私は放課後にギターをひきます。	― I play the guitar after school.
□あなたの誕生日はいつですか。	When is your birthday?
――5月16日です。	― It's May 16th.
□私は夕食の前に入浴します。	I take a bath before dinner.
□私は朝食のあとに歯をみがきます。	I brush my teeth after breakfast.
□あなたのネコはどこで眠りますか。	Where does your cat sleep?
――彼はテーブルの下で眠ります。	― He sleeps under the table.
□私の辞書はどこですか。	Where is my dictionary?
――机の上です。	― It's on the desk.
□生徒はどのようにして学校に通っていますか。	How do students go to school?
――彼らはバスで学校に通っています。	― They go to school by bus.
□スクールバスが家の近くで生徒を拾います。	The school buses pick up students near their homes.
□私はスパゲッティをフォークで食べます。	I eat spaghetti with a fork.

[Let's Talk 6]

□この通りをまっすぐ行ってください。	Go straight on this street.
□銀行のところで右に曲がってください。	Turn right at the bank.
□左側にあります。	It's on your left.
□どういたしまして。	You're welcome.

Unit 8 ~Project 2

教pp.82~93

重要語チェック 英単語を覚えましょう。

[Unit 8]

□寒い 形cold
□種類 名kind
□~を使う，消費する 動use
□~を選ぶ 動choose
□~をすすめる 動recommend
□サラダ 名salad
□スープ 名soup
□お茶，紅茶 名tea
□パン 名bread
□~を訪れる，~に行く 動visit
□くつろぐ 動relax
□~を暖める 動warm
□なぜ 副why
□(なぜなら)~だから 接because
□よく，たびたび 副often
□~もまた 副also
□環境に優しい 形eco-friendly
□スペース，場所 名space
□コンテスト，コンクール 名contest
□海 名sea
□熱心に，一生けんめいに 副hard
□わくわくさせる 形exciting
□外国へ[で] 副abroad
□店員 名clerk
□小さい，狭い 形small
□大きい 形big
□この前の，先~，昨~ 形last
□ただ1つの たった~，~だけ，~しか 形副only
□売り出し，セール 名sale
□am，isの過去形 動助was
□areの過去形 動助were
□くつ 名shoe
□髪の毛 名hair
□長い 形long
□短い 形short
□厚い 形thick
□薄い 形thin
□安い 形cheap
□(値段が)高い 形expensive

[Let's Talk 7]

□ハンバーガー 名hamburger

[Let's Listen 2]

□いろいろな 形various
□大きい 形large
□味，フレーバー 名flavor
□ドーナツ 名donut

[Project 2]

□歌手 名singer
□歌 名song

教 pp.82～93

重要文チェック 日本語を見て英文が言えるようになりましょう。

[Unit 8]

□あなたはどんな種類のヒーターを使っていますか。	What kind of heater do you use?
──私はファンヒーターを使っています。	── I use a fan heater.
□あなたは，コーヒーと紅茶のどちらがほしいですか。	Which do you want, coffee or tea?
──私はコーヒーがほしいです。	── I want coffee.
□なぜあなたはその映画が好きなのですか。	Why do you like that movie?
□おもしろいからです。	Because it's funny.
□ケンはたくさんの本を持っています。	Ken has a lot of books.
□いらっしゃいませ。	Can I help you?
□私は今日いそがしかったです。	I was busy today.
□あなたは今日いそがしかったですか。	Were you busy today?
──はい，いそがしかったです。	── Yes, I was.
／いいえ，いそがしくありませんでした。	/ No, I was not [wasn't].
□私は今日いそがしくありませんでした。	I was not [wasn't] busy today.

[Let' s Talk 7]

□バーガー・ミールを３つもらえますか。	Can I have three Burger Meals?

[Project 2]

□あなたは自由な時間に何をしますか。	What do you do in your free time?
□あなたの好きな歌は何ですか。	What is your favorite song?
□彼女は毎日音楽を聞きます。	She listens to music every day.

Unit 9 ～Targetのまとめ⑨

教 pp.94～103

✓重要語チェック 英単語を覚えましょう。

[Unit 9]

□到着する 動 arrive
□とどまる，滞在する 動 stay
□(飲食物)を出す 動 serve
□くつろがせる 形 relaxing
□～を掃除する 動 clean
□従業員，スタッフ 名 staff
□昨日(は) 副名 yesterday
昨日
□聞く 動 listen
□～をおおう 動 cover
□庭 名 garden
□雪 名 snow
□goの過去形 動 went
□eatの過去形 動 ate
□haveの過去形 動 had
□buyの過去形 動 bought
□午後 名 afternoon
□getの過去形 動 got
□あとで，のちに 副 later
□結婚している 形 married
□～に乗る 動 ride
□doの過去形 動助 did
□パレード 名 parade
□遊園地 名 amusement park
□博物館，美術館 名 museum
□世紀 名 century
□新鮮な 形 fresh
□シーフード，海産物 名 seafood
□テレビゲーム 名 video game
□カレー 名 curry
□それで，だから 接 so
□アパート 名 apartment
□木 名 tree
□作業員 名 worker
□センター，中心施設 名 center
□takeの過去形 動 took
□seeの過去形 動 saw
□パンケーキ 名 pancake
□カフェ，軽食堂 名 cafe

[Let's Talk 8]

□うれしい，幸せな 形 happy
□プレゼント 名 present
□タオル 名 towel
□マグカップ 名 mug
□シャープペンシル 名 mechanical pencil

教 pp.94～103

重要文チェック 日本語を見て英文が言えるようになりましょう。

[Unit 9]

□私たちは昨日，野球をしました。	We played baseball yesterday.
□あなたたちは昨日，野球をしましたか。	Did you play baseball yesterday?
――はい，しました。	― Yes, we did.
／いいえ，しませんでした。	/ No, we did not [didn't].
□私たちは昨日，野球をしませんでした。	We did not play baseball yesterday.
□彼は去年，広島に行きました。	He went to Hiroshima last year.
□私たちは午後にテニスをしました。	We played tennis in the afternoon.
□私たちは夕方に彼の家に到着しました。	We arrived at his house in the evening.
□私は楽しい時を過ごしました。	I had a good time.
□彼らは５年後に結婚しました。	They married five years later.
□私たちはあまり時間がありませんでした。	We didn't have much time.
□眠かったので，私はねました。	I was sleepy, so I went to bed.
□ヒロはパンケーキも食べました。	Hiro also ate pancakes.

[Let's Talk 8]

□なんてかっこいいTシャツでしょう。	What a cool T-shirt!
□なんて美しいのでしょう。	How beautiful!
□誕生日おめでとう。	Happy birthday.
□ここにあなたへのプレゼントがあります。	Here's a present for you.

Unit 10 ~Project 3

教 pp.104~117

✓重要語チェック 英単語を覚えましょう。

[Unit 10]

□(絵など)をかく，～をぬる 動paint
□話す 動talk
□古い 形old
□ボール 名ball
□笑う 動laugh
□～を売る 動sell
□～を着ている 動wear
□衣装，コスチューム 名costume
□manの複数形 名men
□世界 名world
□～の周りをまわって 前around
□雑誌 名magazine
□シャワー 名shower
□キリン 名giraffe
□赤ちゃん 名baby
□今日(は) 副today
□例 名example
□若い 形young
□興味を持った 形interested
□ほほえむ 動smile
□すばらしい 形wonderful
□文化 名culture
□橋，かけ橋 名bridge
□国 名country
□～の間に 前between

[Let's Talk 9]

□家 名house

[Let's Listen 3]

□列 名line
□タクシー 名taxi
□音楽家 名musician
□演奏 名performance
□記録 名record
□待つ 動wait
□～に挑戦する 動challenge
□有名な 形famous

[Project 3]

□～に勝つ 動win
□簡単な，楽な 形easy
□こみ合った 形crowded
□コンサート 名concert
□楽しみ，おもしろいこと 名fun
□興味深い 形interesting
□驚いた 形surprised
□興奮した 形excited
□はずかしい 形embarrassed
□疲れた 形tired
□悲しい 形sad
□すべての 形all
□ほかに 副else

教 pp.104～117

重要文チェック 日本語を見て英文が言えるようになりましょう。

[Unit 10]

□ケンは音楽を聞いています。	Ken is listening to music.
□ケンは音楽を聞いていますか。	Is Ken listening to music?
――はい，聞いています。	― Yes, he is.
／いいえ，聞いていません。	/ No, he is not [isn't].
□ケンは音楽を聞いていません。	Ken is not listening to music.
□ヨウコは何をしていますか。	What is Yoko doing?
――彼女は写真をとっています。	― She is taking pictures.
□私は辞書を探しています。	I'm looking for a dictionary.
□マキとアヤは向こうにいます。	Maki and Aya are over there.
□ヒデは電話で話しています。	Hide is talking on the phone.
□そのアニメは世界中で人気があります。	That anime is popular around the world.
□あなたは何回くらい映画を見に行きますか。	How often do you go to the movies?
□私は科学に興味があります。	I am interested in science.
□たとえば，今はたくさんの人がマンガを読みます。	For example, a lot of people read manga now.

[Let's Talk 9]

□もしもし。マキです。	Hello. This is Maki.
□どうしたのですか。	What's up?
□宿題を手伝ってくれますか。	Can you help me with my homework?

[Let's Listen 3]

□私はバスを待っています。	I'm waiting for a bus.

[Project 3]

□夜に私は映画を見ました。	At night, I saw a movie.
□彼は1日中テレビを見ていました。	He was watching TV all day.

Let's Read ①～②

教 pp.118～121

重要語チェック 英単語を覚えましょう。

[Let's Read ①]

- □カラス 名 crow
- □水 名 water
- □少しの～しか 形 little
- □canの過去形 助 could
- □findの過去形 動 found
- □～にとどく 動 reach
- □方法 名 way
- □考え 名 idea
- □石 名 stone
- □thinkの過去形 動 thought
- □～を落とす 動 drop
- □起こる 動 happen
- □～を集める 動 collect
- □～の中へ 前 into
- □ついに 副 finally

[Let's Read ②]

- □川 名 river
- □ボート 名 boat
- □質問，問題 名 question
- □答え 名 answer
- □農夫 名 farmer
- □オオカミ 名 wolf
- □ヤギ 名 goat
- □～を運ぶ 動 carry
- □～を渡る 動 cross
- □もどる 動 return

重要文チェック 日本語を見て英文が言えるようになりましょう。

[Let's Read ①]

- □彼は水を飲むことができませんでした。 I could not drink the water.
- □ヒロは１つずつ箱を開けました。 Hiro opened the boxes one by one.

[Let's Read ②]

- □私はネコをあとに置いていきたくありませんでした。 I didn't want to leave my cat behind.
- □彼はオオカミを川の向こう側へ連れて行きました。 He took the wolf across the river.